W0220100

THE LITTLE VEGGIE PATCH CO

GARTENPROJEKTE ZUM SELBERMACHEN

CV

Für Emi und Marlowe,
als Dank dafür, dass sie mir
trotz Bart Küsschen geben.

The Little Veggie Patch Co

GARTENPROJEKTE ZUM SELBERMACHEN

BAUEN & PFLANZEN FÜR KERLE

MAT PEMBER
und **Dillon Seitchik-Reardon**

INHALT

X-FACTOR

VERTIKALE GÄRTEN

GARTEN-BASICS

IN DER KÜCHE

EIN-FÜHRUNG

Es kommt die Zeit – wann ist ungewiss – in der die Angst etwas nicht zu wissen größer wird als der natürliche Lerntrieb. Plötzlich haben wir Angst, Fragen zu stellen, und jede Chance, etwas Neues zu lernen, ruft Versagensängste hervor. Es ist, als säßen wir in einem immer währenden Klassenzimmer ohne die richtige Antwort zu haben. Statt unsere Neugier durch Lernen zu befriedigen, würden wir uns am liebsten zusammen- und in die Ecke rollen.

Gehemmtheit ist tatsächlich das größte Lernhindernis. Dieses Gefühl kann uns daran hindern, etwas erreichen zu wollen, das unsere Möglichkeiten übersteigt. Selbst wenn die Erreichbarkeit durch größere Fähigkeiten und Erfahrung zunimmt, besteht das Gefühl weiter oder wird stärker. Doch irgendwann kam Begeisterung hinzu. Nun fühlen wir stets eine Mischung aus Aufregung und Sorge – einem psychologischen Cocktail, den wir inzwischen mit einer Herausforderung assoziieren.

Hatten wir einst zu viel Angst, unsere Komfortzone zu verlassen, akzeptieren wir nun, dass sich neue Fähigkeiten entwickeln können, wenn man die Angst ignoriert, ungeschickt zu wirken. Außerdem muss man lernen, mit einer Menge blöder Fehler klarzukommen. Wir starten alle als absolute Nieten. Aber unsere Misserfolge sind auch oft Stoff für die besten Geschichten. Und gute Geschichten brauchen wir genauso wie neue Fertigkeiten. Bald schon wirkt es ansteckend, sich Herausforderungen zu stellen. Das ist so ähnlich wie scharfe Chilis essen. Was einst Unbehagen hervorrief, weicht nun dem Empfinden, dass unser Spiel variabler wird, selbst wenn leichte Beklommenheit bleibt. Es gibt kein Limit, nur mehr zu erforschen. Experimentieren und streben wir danach, Dinge zu erschaffen. Den Garten – das Anbauen von Nahrung – als Testobjekt zu nutzen, schien aus dabei die natürlichste Sache der Welt zu sein.

Es ist noch gar nicht so lange her, dass wir Seile wie Vierjährige banden. Einmal füllten wir sogar einen Benzinmotor mit Diesel. Nie wieder! Als wir sahen wie unserer alter „Boss" den Treibstoff schluckte und dabei hustete und würgte, wollten wir den Fehler nicht wiederholen. Es sind diese Fehler, die einem im Kopf bleiben und bei jedem Tanken, Aufhängen eines Bilderrahmens oder beim Glühlampenwechsel lauern. Aber das hat uns nie abgeschreckt, sondern weiter motiviert.

Mit Geschicklichkeit wird man weder geboren, noch steckt man sich damit an. Man erlernt sie und wir glauben, dass es nichts gibt, das man nicht lernen kann. Für uns bedeutet das, etwas gut genug ausführen zu können, um Freude daran zu haben. Man muss nicht immer der Beste sein, das kann nur einer sein. Wir werden nie die besten Gärtner oder Köche sein. Trotzdem macht es uns stolz, Basilikum zu ernten oder einen Obstbaum zu pflanzen. Inzwischen können wir es beim Knotenbinden mit jedem Seemann aufnehmen. Und wir machen es mit der gleichen Überzeugung wie Leute, die noch mehr wissen könnten. Auch unser bisheriger Weg war alles andere als gerade. Wir hätten nie gedacht, dass wir mal anderen beibringen würden, wie man Spielhäuser baut oder Nahrung anpflanzt.

Dennoch galt unsere Bewunderung immer den geschickten Leuten in unserem Leben. Sie schienen so viel Spaß daran zu haben, an Dingen herumzubasteln, und stets bauten sie etwas Neues oder leerten Diesel aus Tanks. Sie strotzten vor Gesundheit und hatten einen Glanz in den Augen. Wenn wir ihre kräftigen, schwieligen Hände schüttelten, machten uns unsere eigenen, zarten Exemplare verlegen. Also kauften wir einige Werkzeuge.

Natürlich für
meine Mutter

Ihr würdet euch wundern, was man alles mit einem Akkubohrerset, einem Maßband und einer Kreissäge machen kann. Es kann aber auch vieles davon misslingen. Vieles haben wir einmal gemessen, aber mindestens zweimal zugeschnitten. Projekte dauerten viel zu lange oder wurden komplett gestrichen. Wir möchten lieber nicht drüber nachdenken, was wir schon alles fallen gelassen, verloren oder kaputtgemacht haben. Mat schaffte es sogar, sich trotz dicker Baumwollunterhosen einen Splitter in den Hintern zu jagen. Trotzdem begannen die Leute irgendwann, uns als „geschickt" anzusehen. Vielleicht, weil unsere Hände nicht mehr ganz so zart sind oder weil unsere Projekte nicht mehr die Pläne anderer über den Haufen werfen.

Heute ist das Schwierigste zu erkennen, wann man aufhören oder den Job doch besser einem anderen überlassen sollte. Sich selbst davon zu überzeugen, dass ein Projekt die eigenen Möglichkeiten übersteigt oder das Spielhaus eigentlich fertig ist, ist wie ein Rätsel mit Google zu lösen. Und was einst der Fluch der zarten Hände war, ist nun der Fluch, alles auszuprobieren zu müssen. Brauchen Sie einen Rechtsanwalt? Nein. Ich kann selbst ein juristisches Dokument schreiben. Klempner? Wir haben doch ständig mit „Scheiße" zu tun – was soll daran anders sein! Buchhalter? Nee! Humbug!

Heute erlebt der Allrounder einen Aufschwung. Wir sind wahre Multitalente – vielseitig, multitasking, Multi-Versemmler. Aber vom Ergebnis mal abgesehen, bringen unsere Fähigkeiten Spaß und Mysterien zugleich. Wer weiß, wozu neue Fähigkeiten führen können? Zu einem halbfertigen Aquaponik-System oder einem neuen Familienunternehmen, das Eis am Stiel aus natürlichen Zutaten herstellt? Das Unbekannte ist ein nicht endendes Abenteuer.

So wie wir unser Können beim Anbau von Lebensmitteln entwickelt haben und unsere geschwollenen, schwieligen (manche sagen Opa-Hände) haben wir auch unser Geschäft ausgebaut. *The Little Veggie Patch Co* ist unser Abenteuer und es spiegelt wider, wie wir uns entfaltet haben. Es hat uns zu diesem Buch geführt und zu diesen Projekten. Ihr werdet euch dabei mal als King, mal als Niete fühlen – mal geschickt, mal völlig nutzlos. Das Wichtigste ist: Sie werden euch ermutigen, weiter daran zu arbeiten.

Für dieses Buch haben wir 38 Lieblingsprojekte ausgewählt – solche, die Augen zum Glänzen bringen und einen Splitter in den Hintern jagen – und sie werden eure Geschicklichkeit und eine gesunde Einstellung gegenüber Nahrungsmitteln fördern. Jedes Projekt kann leicht nachgemacht werden. Es gibt Starthilfe für den ultimativen Kompost-Aufbau oder für ein Jahreszeiten-Schaubild. Mit unserer Vorgeschichte im Nachfüllen von Kraftstoff, würden wir diese Projekte nie als maßgebend ansehen. Wir bestehen nicht darauf, dass unser Kompost ultimativ ist – es fühlt sich nur so an, und so soll es sein.

Beim Entwickeln von Fähigkeiten geht es darum, herumzuprobieren. Und beim Entwickeln einer gesunden Einstellung gegenüber Ernährung geht es darum, dies im Garten und drum herum zu tun. Also, egal ob wir im Garten ein Pflanzbehältnis basteln oder ob wir mit den Kindern gerade die Küche auseinandernehmen: Werfen wir alle Bedenken und die Angst vor einer Blamage über Bord und begeistern wir uns stattdessen etwas. Denn: Es gibt kein Limit, sondern eine Menge Neues zu erforschen. Wir hoffen, ihr geht mit uns auf diese Reise (oder führt sie fort).

– Mat and Dillon

PROJEKTLISTE

KINDER-GARTEN

Meine Kindheitserfahrungen mit Lebensmitteln passen alle – vorsichtig ausgedrückt – in die Kategorie gesund. Frisches Gemüse aus dem Beet, leckere Früchte direkt vom Baum, viel Olivenöl, gepökeltes Fleisch und schon früh Wertschätzung für Tafelwein. Es war eine offene Einladung, mit guten und schlechten Lebensmitteln und Bräuchen Bekanntschaft zu machen. Alles, was wir aßen, stammte aus der direkten Umgebung und war von einer Tradition geprägt, die seit Jahrtausenden ums Essen kreiste.

Wie alle Jugendlichen, hatte auch ich so meine Erfahrungen mit Fastfood. McDonalds war im ganzen Land Sponsor von Junioren-Fußballprogrammen und bot mit Gutscheinen für Cheeseburger und Pommes einen Anreiz zum Toreschießen. Ich war Stürmer und durch meine vielen Tore in der U7 konnten wir Freitagabends oft Gutscheine eintauschen. Für Jugendliche bedeutete das Partyzeit. Es wäre untertrieben zu sagen, dass wir begeistert waren – Freitagabend drehten wir komplett durch.

Diese Erfahrung mit Fastfood wurde Jahre später wieder neu belebt, nachdem die Wissenschaft Cheeseburger und Pommes offiziell zum Mittel gegen einen Kater erhoben hatte. Ich glaube, irgendein Arzt irgendwo hatte bewiesen, dass das routinemäßige Ertränken des Alkohols in Fett nach einer durchzechten Nacht ein super Mittel sei. Jedenfalls lebten wir jahrelang nach diesem Motto.

Als Vater realisiere ich heute, wie fein diese Balance gewesen sein muss. Meine Eltern waren streng aber fair. Sie ließen uns die Gutscheine einlösen und Wein am Esstisch von Oma und Opa kosten, aber wenn wir uns nicht beherrschten und mehr wollten, war Schluss.

Dies führte dazu, dass wir jetzt als Erwachsene informiert und mit einem kühlen Kopf Entscheidungen treffen, da wir das Gute und das Schlechte ausprobieren konnten. Als wir dann von der Leine gelassen wurden, entwickelten wir unsere eigenen Angewohnheiten, basierend auf viel Erfahrung. Klar haben wir über die Jahre weiter Schrott gegessen und tun es ab und zu immer noch, aber nun haben wir eine ausgeglichene Haltung gegenüber Ernährung und Lebensstil.

Gesunde Ernährung hat genauso viel mit Erfahrung zu tun wie mit den Lebensmitteln, die wir essen. Wir Erwachsenen machen vielleicht eine Diät oder befolgen strenge Ernährungsregeln, weil unser Stoffwechsel langsam arbeitet. Es wäre aber grausam, Kindern solche Regeln aufzuzwingen. Es würde nur dafür sorgen, dass sie das Genießen verlernen.

Bei den Kinderprojekten in diesem Buch geht es in erster Linie um die Einstellung, aber auch ein wenig um die Ernährung. Lasst die Kleinen von der Leine und erlaubt es ihnen, sich auszutoben und Spaß in den Beeten und deren Umgebung zu haben. Es wird Gutes und Schlechtes, Erfolge und Misserfolge geben, aber eines ist gewiss: Sie werden dadurch einen reichen Schatz kindlicher Erfahrungen sammeln, die sie immer in Erinnerung behalten werden.

ÜBERBLICK

ZEIT

KNOW-HOW

KOSTEN

DU BRAUCHST DAFÜR …

- leeres Erdbeer- oder Kirschtomaten-Schälchen mit Deckel
- 2 Papprollen
- 1 alte Zeitungsseite
- Anzuchtsubstrat
- Samen
- Sprühflasche

GEWÄCHSHAUS AUS ERDBEER-SCHÄLCHEN

KLEINE GEWÄCHSHÄUSER FÜR KLEINE LEUTE

Viele Dingen, die wir täglich wegwerfen, können in etwas Nützliches verwandelt werden. Es gibt eine Menge Müll, der nur darauf wartet, dass wir sein Potenzial erkennen und ihm eine zweite Chance geben.

Und das ist in vieler Hinsicht nützlich. Es verhindert nicht nur, dass der Abfall sofort auf einer Müllhalde landet, sondern man vermeidet auch, etwas Neues zu kaufen. Und dies spart jede Menge Ressourcen.

Eierkartons und Papprollen sind Haushaltsmüll, den wir bereits in kompostierbare Anzuchttöpfe verwandelt haben. Aber habt ihr schon einmal ein altes Erdbeer- oder Tomaten-Schälchen angeschaut und gedacht, dass man daraus etwas Nützliches machen könnte? Zum Glück hat das jemand vor uns getan, und das half uns, die Augen zu öffnen für die Möglichkeit, diese Plastikwannen in Mini-Gewächshäuser für Kinder zu verwandeln. Noch besser: Sie können Ihre Anzuchttöpfe aus Papprollen darin unterbringen.

Wie es so oft der Fall ist, ist dies ein Beispiel für ein recyceltes Material, das geradezu gebrauchsfertig zu sein scheint für den neuen Zweck. Es besitzt Löcher im Boden, damit das Wasser abläuft. Das Plastik ist strapazierfähig und lebensmitteltauglich und deshalb als Behältnis für eure Samenmischung geeignet. Manchmal ist sogar ein Deckel vorhanden, der es erlaubt, das Gewächshaus zu öffnen und zu schließen.

Das ist so einfach, dass es in der Tat fast peinlich ist, es als DIY-Projekt zu bezeichnen. Aber ich denke, dass es daher für alle Kinder umsetzbar ist, vom Kleinkind bis zum Teenager.

1

Zunächst braucht ihr ein passendes Plastikbehältnis. Es sollte recht klein sein, aber Luftlöcher haben. Erdbeer- oder Kirschtomaten-Schälchen sind perfekt für dieses Projekt.

2

Die Klopapierrollen in zwei Hälften schneiden, um vier kleine Rollen zu erhalten. Diese werden nun die Anzuchttöpfe.

3

Aus dem Zeitungspapier oder anderem alten Papier ein Quadrat schneiden. Es sollte groß genug sein, um den Boden des Gewächshauses zu bedecken. Legt es dann in die Plastikschale.

»

4

Stellt die Anzuchttöpfe auf das Zeitungspapier in der Schale. Das Papier hat den Zweck, den geringen Überlauf von Feuchtigkeit aufzunehmen und zu speichern, um die **WASSEREFFIZIENZ** des Gewächshauses zu erhöhen.

5

Die Töpfe mit einem Anzuchtsubstrat befüllen – bereit für das Samen eurer Wahl.

6

Mit der Spitze des Fingers macht ihr nun ein kleines Loch, so tief, wie es die Samen benötigen. Für die Bohnen, die wir säen, muss dieses 20 mm tief sein. Pflanzt die Samen euer Wahl – zwei in jedes Loch, falls ein Saatkorn nicht keimt. Die Samen dann vorsichtig mit ein wenig Anzuchtsubstrat bedecken.

7 Füllt in jeden der Töpfe etwas Wasser (genug, um die Erde zu befeuchten) und besprüht die gesamte Innenseite des Gewächshauses gleichmäßig mit Wasser. Das Schöne an einem Erdbeerschälchen-Gewächshaus ist, dass es das Wasser bereits in seinem Inneren recycelt. Eure einzige Aufgabe besteht darin, es alle paar Tage wieder nachzufüllen.

Das Bewässern übernimmt der **BOSS**.

8 Das Gewächshaus an einen sonnigen Ort stellen, vielleicht auf die Fensterbank des Küchenfensters. Die Kinder werden mit Freude beobachten, wie die Pflänzchen heranwachsen. Bei besonders heißem Wetter solltet ihr den Deckel öffnen, damit sie atmen können. Sonst kann sich in dem feuchtwarmen Klima Schimmel bilden.

ÜBERBLICK

ZEIT

KNOW-HOW

KOSTEN

DU BRAUCHST DAFÜR …

- Obst und Gemüse aus dem Garten oder Kühlschrank
- alte Samentüten
- Backofen
- Modelliermasse in verschiedenen Farben zum Backen im Backofen, wie z. B. Fimo
- Besteck (Gabel, Messer, Löffel)
- Essstäbchen
- Backblech
- Backpapier
- Faden oder Angelschnur

OBST & GEMÜSE AUS MODELLIERMASSE

HANDWERKLICH HERGESTELLTE LEBENSMITTEL

Kinder und Modelliermasse ist wie Tomaten und Mozzarella, Glitter und Einhörner, Ferraris und Strafzettel für zu schnelles Fahren, wie … ihr wisst, was ich sagen will. Die Verbindung zwischen Kindern und Modelliermasse ist unverkennbar. Es ist etwas ganz Fundamentales, das von den tiefsten Wurzeln der Menschheit herrührt. Etwas zu erschaffen ist Menschsein. Etwas zu schaffen, das einer Frucht oder einem Gemüse gleicht … das ist einfach großartig. Worauf wartet Ihr? Legt los!

Wie viele Projekte für Kinder, kann man hier Spaß mit einem Gespräch über das, was wir gerne essen, verbinden. Essen ist ein Thema, das uns miteinander verbindet und stellt vielleicht den wichtigsten Grundpfeiler einer jeden Kultur dar. Schließlich sind Lebensmittel und ihr Verzehr eine emotionale und physische Erfahrung. Leider können viele eine Geschichte darüber erzählen, wie sie als Kind gezwungen wurden, [setze hier die Kohlsorte deiner Wahl ein] zu essen und haben ihn seither gemieden. Spiele zu spielen und mit den Händen Früchte und Gemüse herzustellen, ist das Gegenteil davon, jemanden zum Essen von Rosenkohl zu zwingen. So kann man Begeisterung für viele Lebensmittel wecken.

In eurem Bastelladen vor Ort gibt es sicher unterschiedliche Produkte, die Marke ist daher nicht so wichtig. Die Modelliermasse sollte nicht giftig sein, in einem Backofen gebrannt werden können und sich nach dem Härten nicht ausdehnen oder schrumpfen. Letzteres ist wichtig, denn so kann man Löcher in die Objekte bohren und die Teile auffädeln. Wie bei einem Ex-Punk mit gedehnten Ohrlöchern sollten sich diese Löcher nie schließen. Modelliermasse ist in vielen Farben erhältlich. Ihr könnt aber auch mit Weiß beginnen und die hart gewordene Modelliermasse anmalen, wenn sie aus dem Ofen kommt.

1

Ab ins Gemüsebeet! Findet heraus, was gerade Saison hat. Lass die Kinder einen Bissen von jeder Frucht und jedem Gemüse versuchen und sprecht über den Geschmack.

2

ERNTET gemeinsam einige eurer preisgekrönten Lieblingsfrüchte und -gemüse und nehmt sie mit rein – als Modelle für euer Stillleben. **AUFGEPASST KINDER**, dies sind Habanero Chilis!

3

Such im Kühlschrank nach weiteren leckeren **FAVORITEN**. Jetzt kannst du auch einige **SNACKS** zubereiten, die gut zu diesem Projekt passen! Da du schon in der Küche bist, heize den Backofen vor, wenn du Fimo verwendest wie angegeben auf 130° C.

‹ 4

Leg zur **INSPIRATION** ein paar Samentüten bereit. Je besser die Vorlage, desto besser später das Ergebnis.

5 ›

Jetzt wird modelliert. Du kannst eine ganz neue Stilrichtung abstrakter Kunst erfinden oder versuchen, die Natur durch deine Werke zu übertreffen. Wir bei The Little Veggie Patch verstehen Gemüse als Verlockung mit einem konkreten, bodenständigen Bezug zum Hier und Jetzt.

6

Mit Besteck oder anderen Küchenutensilien bekommt das kleine Obst und Gemüse mehr Textur.

»

7

Bist du mit den **Kunstwerken** zufrieden, stich mit einem Essstäbchen oder Spieß ein Loch durch einige der großeren Teile. So werden die kleinen Nachbildungen nach dem Aushärten im Ofen zu tollen Hinguckern einer Obst- und Gemüsekette.

8

Bringt man einen Streifen Modelliermasse an der Rückseite des Modells an, wird ein Ring daraus.

9

Die Kunstwerke auf ein mit Backpapier ausgelegtes Backblech setzen und nach Herstellerangaben im Backofen aushärten lassen. Sobald sie fertig sind, herausnehmen und vor dem Anfassen abkühlen lassen.

10

Die Halsketten auffädeln und die Ringe anstecken: Es gibt nichts Cooleres als Blingbling aus Premiumobst- und -gemüse.

ÜBERBLICK

ZEIT

KNOW-HOW

KOSTEN

DU BRAUCHST DAFÜR …

- Zombie-Gemüse: Karotten und Frühlingszwiebeln
- Teller
- Wasser
- Pflanztöpfe, Ø 10 cm
- Pflanzsubstrat (am besten Bio)

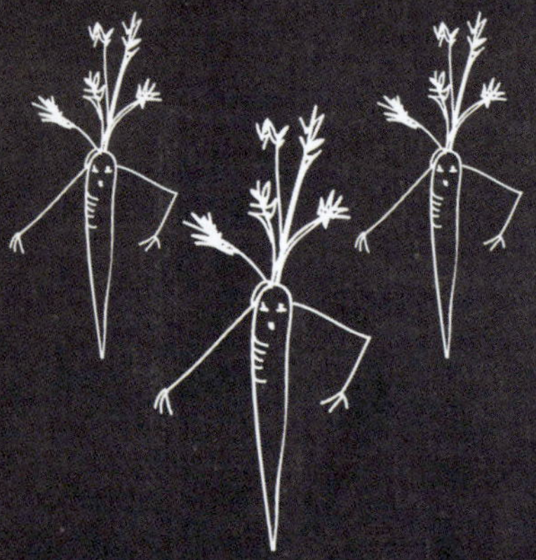

ZWEITE CHANCE FÜR KÜCHENABFALL

DIE RÜCKKEHR DER GEMÜSEZOMBIES

Bei jeder Pflanze, unabhängig von ihrer Art, geht das Leben von den Wurzeln aus. Die Wurzeln sind der Motor, der den Rest des Körpers antreibt – und selbst wenn eine Pflanze ihre Blätter oder Früchte verliert, sei es durch Ernte oder Vernachlässigung, so wird ein starkes Wurzelsystem dafür sorgen, dass sie sich zurück ins Leben kämpft.

Dadurch können wir verschiedene Pflanzen wieder wachsen lassen. Schneidet man einen Salatkopf so ab, dass die Wurzeln intakt bleiben, kann man die Pflanze durch Gießen am Leben erhalten, und ein neuer Salatkopf wird wachsen. Ähnlich ist es mit Frühlingszwiebeln. Schneidet man sie auf Bodenhöhe ab, wird der im Boden verbliebene starke Wurzelbereich dafür sorgen, dass ganz schnell neue, perfekte Frühlingszwiebeln heranwachsen – bereit zur nächsten Ernte. Das ist alles nachvollziehbar, wenn die Wurzeln intakt im Boden gelassen werden. Aber wie sieht es mit bereits geernteten aus, die nicht mehr in der Erde stecken?

Die Welt der Wurzel-Zombies ruft eher Faszination hervor als Schrecken. Bestimmte Wurzeln kann man vorsichtig aus dem Boden ziehen und wieder einpflanzen, und ihnen so ein zweites, ertragsfähiges Leben geben. Diese Technik ist nützlich für Gemüsesorten, die bei der Ernte aus dem Boden gezogen werden müssen. So kann man ihnen ein zweites Leben geben.

Wurzelzombie-Wiederbelebung ist nicht nur eine geniale Beschäftigung, sondern auch ein Aha-Erlebnis, das Kindern die Struktur unserer Pflanzen näherbringt. Sie zeigt, wie Pflanzen es schaffen zu überleben, auch wenn sich alles gegen sie verschworen hat. Außerdem gibt sie einen Einblick, was man tun kann, damit Pflanzen nicht nur überleben, sondern auch prächtig gedeihen.

1

Die Nummer eins auf der Zombie-Liste ist die Karotte. Sieh dir diese kleinen leblos aussehenden Zombies an. Meist landen sie bestenfalls im Komposteimer. Man kann sie aber **WIEDERBELEBEN** und im Gemüsebeet **NEU ANPFLANZEN**. Diese Technik funktioniert auch bei anderen Wurzelgemüsen wie Rote Beete, Pastinaken und Steckrüben.

2

Nimm einen Teller mit höherem Rand und gieß etwas Wasser hinein.

3

Stutze die Köpfe der alten Karotten falls nötig auf eine Länge von 1 cm und stell die oberen Enden dann ins Wasser. Die grünen Blattschöpfe sollten sich oberhalb der Wasseroberfläche befinden.

»

4

Stell den Teller mit den Karotten an einen **warmen, hellen Ort**, zum Beispiel auf eine Fensterbank. Vergiss nicht, immer wieder Wasser nachzufüllen, denn die Karotten nehmen das Wasser auf, um zu wachsen. Nach etwa zehn Tagen werden die Zombies wieder austreiben und ins Leben zurückkehren. Dann können sie ihr zweites Leben im Beet beginnen.

5

Der nächste Zombie der Rangliste ist die Frühlingszwiebel (obwohl dies auch mit Lauch funktioniert). Hier verwenden wir Reste unseres Markteinkaufs. Hat man Frühlingszwiebeln im eigenen Garten, sollte man nicht die ganze Pflanze herausziehen, sondern nur die grünen Blätter abschneiden. Die Frühlingszwiebeln wachsen in der Erde wieder nach.

6

Frühlingszwiebeln lassen sich einfacher **wiederbeleben** als Karotten. Dafür zunächst einige Pflanztöpfe (10 cm) mit Pflanzsubstrat befüllen.

7

Nun je eine Frühlingszwiebel pro Topf pflanzen, als würde man einen Setzling pflanzen. Die Wurzeln sollten sich dabei in der Erde befinden und der Stumpf oben herausschauen, damit er atmen kann.

8

Wird die Frühlingszwiebel gut feuchtgehalten, erholen sich die Wurzeln innerhalb weniger Tage wieder. Bald darauf werden neue Triebe hervorkommen. Gruselig, oder?

ÜBERBLICK

ZEIT

KNOW-HOW

KOSTEN

DU BRAUCHST DAFÜR …

- Kräuter!
- freie Gartenfläche in sonniger Lage
- Grabgabel
- Kompost
- Langzeitdünger (am besten Bio)
- Platten
- Töpfe, falls du Minze verwendest
- Pflanz-Schilder
- Wasser

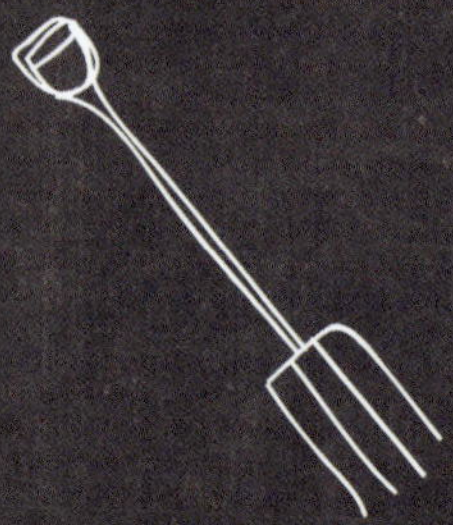

DUFTENDE KRÄUTERPFADE

DAS SCHNUPPER-STUDIO

Es gibt nichts Schöneres, als einem Kind beim Pflücken frischer Kräuter zuzuschauen und seinem Versuch, mit seinen zweijährigen Nasenlöchern daran zu schnuppern. Es ist gewöhnlich einer ihrer ersten richtigen Versuche, dieses Sinnesorgan zu benutzen, und diese Entwicklung kann höchst unterhaltsam sein. Kräuter zu pflanzen ist zwar ein Klacks, aber sie können auch als ein Studio dienen, in dem Kinder ihre Sinne entwickeln können.

Es gibt keinen Zweifel daran, dass diese ersten Versuche zu riechen, ein Nachahmen des schnuppernden Gesichts sind, das wir ihnen vorführen. Das sanfte Schnuppern der Düfte, zusammen mit den entdeckenden Augen, kann uns ziemlich albern aussehen lassen, zeigt aber die Fähigkeit der Kinder, alles zu kopieren, was wir tun. Man sollte nie vergessen, dass ein Kind wie ein Schwamm ist und jeden Moment etwas Neues lernt.

Während die ersten zahlreichen Versuche noch etwas nutzlos erscheinen, ist es nur durch Übung möglich, sie auf ihren Geruchssinn einzustimmen, und dann erhält das entdeckende Gesicht seine wahre Bedeutung. Damit beginnt die innerliche Verarbeitung der Düfte und ebenso die eigentliche Entdeckung!

Überall in unserem Garten sind Kräuter verstreut, die Teil eines vor dem Abendessen stattfindenden Rituals geworden sind. Meine beiden Kleinen, Emi und Marlowe, laufen um die Beete herum, schnappen sich ein wenig Minze, schnuppern daran und schmeißen sie wieder weg. Dann ist der Zitronenthymian dran, dann wieder etwas Minze und manchmal wird eine Handvoll frischen Rucolas gezupft. Am Ende versucht sich unsere Hündin Molly an diesen Kräutern, die auch ihre Liebe zu Kräutern gefunden hat.

Mit diesem Spiel habe ich angefangen und habe daher natürlich kein Recht dazu, das wieder zu ändern. Stattdessen tröste ich mich damit, dass die Opfer aus dem Gartenbeet der erste bedeutende Teil einer Erziehung sind.

1

Wähle die Kräuter nach diesen drei Aspekten aus: sie sollten problemlos zu pflanzen sein, sie sollten zu wertvollen Erkenntnissen bei den Kindern führen und nützliche Zutaten in der Küche sein (es geht schließlich nicht nur um die Kinder!).

2 ›

Eigentlich mögen wir lieber Hochbeete, weil sie bequemer zu pflegen sind. Aber auf Bodenhöhe gepflanzte Kräuter werden einfacher für die Kleinen zu pflücken sein. Und während sie an ihnen vorbeistreifen und darauf herumtrampeln, werden sie eine wahre **Duftexplosion** auslösen. Das hilft auch, mögliche schlechte Gerüche zu überdecken.

‹ 3

Such dir für die Kräuter einen schönen, sonnigen Platz auf Bodenhöhe. Mit einem Spaten oder einer Grabgabel etwas Kompost und Langzeitdünger in die Erde einarbeiten. Kräuter gedeihen am besten in einem nährstoffreichen und wasserdurchlässigen Boden. Eine gute Vorbereitung ist also der Schlüssel für einen erfolgreichen Anbau.

»

4

Auch wenn man die Kinder dazu ermutigen sollte, sich kreuz und quer auf Entdeckungsreise durch das Kräuterbeet zu machen, ist es gut, eine Richtung vorzugeben, anstatt eine wilde Kräuterbeet-Party zu veranstalten. Legt mit Trittsteinen oder Platten einen Weg an, über den die Kinder und der Hund laufen können.

5

Natürlich kann es zu kleinen Problemchen kommen, wenn Kinder und junge Kräuter sich zu nahe kommen. Warum also ein Wagnis eingehen? Kauft nicht zu kleine Kräuter, sondern größere Exemplare in Töpfen mit Ø 20 cm. Diese Pflanzen sind wesentlich robuster und haben eine größere Chance zu überleben.

6

Es bietet sich an, die Kräuter nach einem bestimmten Prinzip zu pflanzen, nach Themen oder Farben. Alle Kräuter vertragen sich miteinander. Daher ist eine exakte Positionierung nicht so wichtig. Eine Regel ist jedoch, Minze in Töpfe zu pflanzen. Größere, höhere Pflanzen sollten weiter nördlich und weiter vom Pfad entfernt gepflanzt werden.

7

Pflanzt los und bezieht die Kinder mit ein. Dies ist auch Teil der **Erziehung**, und vielleicht sind sie sogar eher eine Unterstützung als eine Behinderung … Pflanz-Schilder sorgen dafür, dass man nicht vergisst, was man gepflanzt hat.

8

Nun gründlich gießen. Die Pflänzchen werden im ersten Monat täglich Wasser zum Anwachsen brauchen, später versorgen sie sich selbst. Am besten ist es, im Frühjahr oder im Sommer zu pflanzen.

WOCHEN-ENDE

ÜBERBLICK

ZEIT

KNOW-HOW

KOSTEN

DU BRAUCHST DAFÜR...

- 1 Holzkiste, 50 x 18 cm, 18 cm tief
- Borhmaschine und Holzbohrer
- Kreissäge
- Brett
- 1 Brett, 15 cm x 20 mm, 1 m lang
- Hammer
- 25 Holzschrauben, 4 cm
- 10 Papprolle
- Bambusstangen, insgesamt 5 m
- Zeitschriften, kompostierbares Papier
- Zweige
- 1 Brett, 15 cm x 50 mm, 30 cm lang
- Klebesticks

INSEKTENHOTEL

KRABBELTIERE WILLKOMMEN

Jeder definiert eine gemütliche Umgebung anders, und jeder lebt nach seinem Rhythmus. Manche mögen hohe Decken, Holzfußböden und verzichten auf Gardinen. Andere finden es in einem höhlenartigen Wohnhaus behaglich, das dunkel und mit Teppichböden ausgelegt ist. Vorlieben werden noch interessanter, wenn man mit anderen zusammenlebt. Gehört die Butter allen? Soll der Gemeinschaftsraum wie ein persisches Boudoir aussehen, oder setzt sich schwedischer Minimalismus durch? Auch wenn das Zusammenwohnen manchmal unbequem ist und etwas Kampfkunst erfordert, spricht vieles dafür, mit unterschiedlichen Menschen zusammenzuleben.

Das gilt auch für Insekten. Es gibt viele Arten im Nutzgarten: Schädlinge und Räuber, „Metal Heads" und Hippies. Das gute Gedeihen eines Gemüsebeets hängt von einem gesunden Ökosystem ab und ist daher von einer Insektengemeinschaft bevölkert. Die Schwierigkeit besteht darin, eine Umgebung zu gestalten, in der alle zusammenleben können.

Insektenhäuser sind ein super Kinder-Projekt. Mit ihnen können Kinder Formen, Texturen und die Insekten erforschen. Nützliche Insekten bestäuben, schützen und spalten organisches Material im Beet auf, was das Gärtnern vereinfacht. Manche Insekten lassen sich leicht in das Insektenhaus locken. Während beispielsweise eine Barfliege von einem an der Wand hängenden Flachbild-TV angezogen wird, liebt der Marienkäfer Tannenzapfen!

Ziel ist es, möglichst viele der nützlichen Insekten anzusiedeln. Kinder sollten ermutigt werden, diese Miniaturwelt zu erforschen und die Behausung immer auf dem aktuellen Stand zu halten. Die saisonalen Veränderungen im Insektenhaus sollten beobachtet werden und es ist wichtig, dass das Gleichgewicht nicht durch eine Überzahl bestimmter Insekten gestört wird. Manchmal muss man Big Brother spielen und einen unbeliebten Bewohner entfernen.

1

Bohr zuerst Löcher in die Rückseite des Kastens. Als nächstes wird das Insektenhotel in kleinere Wohnbereiche unterteilt. Diese werden zu den Wohnungen jeder Insektenart. Da wir fair sind, werden wir jede dieser Wohnungen gleich groß anlegen. Wenn die Holzkiste beispielsweise einen Innenraum von 15 x 45 cm hat, werden aus dem 15 x 2 cm großen Holzstück zwei 15 cm lange und drei 14 cm Stücke zugeschnitten.

2

Die Teile nun übereinanderbauen, dabei vertikal und horizontal abwechseln.

3

Hast du zu großzügig gemessen, wird es in der Kiste etwas eng werden. Keine Sorge, einfach mit dem Hammer nachhelfen, damit die Holzteile richtig sitzen.

4

Für mehr Stabilität beidseitig einige Schrauben anbringen. Gib dein Bestes und mach dir keine Gedanken über die Einheit von Technik und Architektur.

5

Nun geht's an die Möbel. Wenn du jedes Stück einzeln anbringst und dir jedes Mal die Zeit nimmst, dein Werk zu bewundern – und das 150 mal – wirst du ewig brauchen. Bereite stattdessen das komplette Mobiliar auf einmal vor. Nimm eine Papprolle, schneide die Bambusstäbe zu, roll die Papierstücke zu engen Röhren zusammen und sammle einen Haufen Zweige in unterschiedlichen Stärken. Einige dieser Aufgaben sind für Kinder wie maßgeschneidert, die **Zweig-Mission** ist eine davon.

6

Ein Appartment konzipieren wir speziell für Bienen. Dafür eine 14 cm lange Platte von dem 15 x 5 cm langen Holzstück zuschneiden.

7

Schnapp dir den Bohrer und mach einige Löcher unterschiedlicher Größe in die Oberfläche der Holzplatte. Dazu brauchst du Bohreraufsätze unterschiedlicher Stärke.

8

Platziere die Holzplatte in einem beliebigen Fach und sichere sie mit einer Schraube, die an einer Seite angebracht wird. Dies sollte die Bauvorschriften erfüllen. Die erste Wohneinheit ist verkauft!

9

Als nächstes werden die Papprolle und das zusammengerollte Papier eingesetzt. Obwohl sie problemlos ohne Kleber übereinander gestapelt werden können, ist es wahrscheinlich besser, die Rollen mit Kleber zu sichern. Denn es könnte sein, dass die Baustelle auseinandergenommen wird, wenn beim Insektenhotel die nächste **WELLE DER BAUMASSNAHMEN** startet. Lass dich hier von deinen eigenen Vorgaben für Insekten-Baustandards leiten.

»

10

Genauso geht's mit dem Bambus weiter, staple die Schichten aufeinander. Soll es stabiler werden, einen Klecks Heißkleber hinzufügen.

11

Du wolltest immer schon ein Zimmer voller Tannenzapfen? Perfekt!

12

Zum Fertigstellen am besten Zweige, Stroh, Bambus oder was man gerade zur Verfügung hat, verwenden.

13

Dein fertiges Insektenhotel wird einen Ehrenplatz unter den erstklassigen Garten-Immobilien einnehmen. Mach dir keine Sorgen darüber, die Insekten zu finden, denn sie werden zu dir finden, angelockt durch deine gut durchdachten und gebauten Behausungen. Du wirst überrascht sein, welche Arten kleiner Kreaturen von dem Hotel angezogen werden.

ÜBERBLICK

ZEIT ◷ ◷ ◷

KNOW-HOW

KOSTEN ① ①

DU BRAUCHST DAFÜR…

- Großer Bilderrahmen
- Schere
- 1 Stück Tonkarton
- Bunte Pappe oder Papier
- Maßband oder Lineal
- Buntstifte
- Kugelschreiber und Textmarker
- Bastelfarbe
- Leere Samentüten
- Kleber

Hinweis: Wenn du im Garten Samen saest, vergiss nicht, die leeren Samentuten für dieses Projekt aufzuheben.

SAISONALES SAATGUT-SCHAUBILD

TÜTENKUNST IM GROSSFORMAT

Ich glaube es war Shakespeare, der einst sagte: „Schmeckt eine Wintertomate mit einem anderen Namen genauso süß?" Die Antwort ist natürlich Nein. Wenn man sich mal in einem konventionellen Supermarkt umschaut, kann man leicht vergessen, dass unser Obst und unser Gemüse eigentlich nur zu bestimmten Jahreszeiten wächst. Tomaten beispielsweise gibt es selbst im Winter in Massen. Obwohl wir stark von Gewächshäusern und den unterschiedlichen Anbau-Klimata profitieren, ist unsere Nahrung oft nicht saisonal. Der Bissen einer mehligen, faden, zuckerlosen und sehr festen Tomate macht dies ziemlich klar.

Als Konsument stellt man irgendwann einmal fest, dass sich diese Saisonabhängigkeit auch im Preis des Produktes zeigt. Natürlich kann man es kaufen. Aber es gibt Markteinflüsse, die uns daran erinnern, wie weit das Erzeugnis eventuell gereist ist, um bis in unseren Einkaufskorb zu gelangen. Ich liebe meine Winter-Avocados genauso wie der Kerl neben mir, aber das bedeutet nicht, dass ich mir nicht der damit verbundenen Verrücktheit bewusst bin. Kinder bekommen die finanziellen Feinheiten unserer Einkäufe meist nicht mit. Deshalb ist ein saisonales Saatgut-Schaubild eine gute Methode, um eine greifbare Verbindung zwischen dem was wir essen und wann wir es anbauen, herzustellen.

Ein saisonales Saatgut-Schaubild ist die perfekte Stelle, an der sich Garten, Handwerk und Küche verbinden.Obwohl es ein künstlerisches Projekt ist, das auch Spaß macht, dient ein Saatgut-Schaubild in erster Linie dazu, sich immer wieder über Ursprung bestimmter Lebensmittel auszutauschen. Es ist erstaunlich, wie wenig Anleitung Kinder benötigen, sich ein Beet eigen zu machen und das Sagen zu haben.

1

Besorg dir einen großen Bilderrahmen. Wir haben einige absolute Prachtstücke in Secondhand-Läden gefunden, aber es ist deine Wahl.

Schneide ein Stück Tonkarton so zu, dass es in den Rahmen passt. Dies wird der Hintergrund, es sollte also gut passen.

2 ›

‹ 3

Unterteile die Tafel mit bunter Pappe oder buntem Papier in Bereiche ein, die zu den Jahreszeiten oder den **KLIMATA** passen. In einem milderen Klima unterteilen wir die Tafel in warm, kühl und ganzjährig. In bestimmten Gebieten ist es sinnvoller, die Tafel den vier Jahreszeiten entsprechend zu unterteilen. In Melbourne erleben wir an einem Tag vier Jahreszeiten, also machen wir es einfach so, wie es uns richtig erscheint.

»

4

Dekoriert die Segmente passend zur Jahreszeit. Eine warme Jahreszeit beispielsweise wird mit **WÄRMEREN FARBEN** freundlicher wirken. Vielleicht fügt ihr eine Strandszene oder ein kühles Getränk hinzu. Ferien und Freizeit passen gut. Oftmals benötigen Kinder nur einen kleinen Anstoß, bevor sie auf brillante Weise vom Thema abschweifen.

5

Dekoriert die nächsten Bereiche.
Eine kühle Jahreszeit wird durch andere Farben und Eigenschaften repräsentiert. Herbstlaub, ein gemütliches Feuer, Wintersportarten, Regenwolken und Schnee. Was immer in deiner Familie für diese Jahreszeit steht.

6

Für Pflanzen, die zu allen Jahreszeiten angepflanzt werden können, nehmt ihr am besten eine andere Farbe. Arbeitet die Kleinteile ein, die nicht in die anderen Bereiche passten. Wenn ihr mit der Gestaltung zufrieden sind, betitelt die Jahreszeiten mit einer schönen Handschrift. Ist eure Handschrift wie unsere, lernt aus unseren Fehlern und benutzt eine Schablone.

7

Bewahrt leere Samentüten auf, sie sind das perfekte Material für dieses Projekt.

8 ›

Bringt die Samentüten mit Klebstoff an der entsprechenden Jahreszeit an. Dies ist eine großartige Gelegenheit, um mit Kindern darüber zu sprechen, was sie gerne essen. Beginnt mit den Favoriten und nutzt das Gespräch, um Interesse für andere Gemüsesorten zu wecken.

‹ 9

Befestigt das Saatgut-Schaubild im Bilderrahmen. Es ist nicht nur als ein cooles Kunstwerk, sondern auch ein Leitfaden dafür, was wann gepflanzt wird.

ÜBERBLICK

ZEIT (2 von 3)

KNOW-HOW (3 von 3)

KOSTEN (2 von 3)

DU BRAUCHST DAFÜR…

- kleine alte Kühlbox (Esky)
- Tischkerwinkel
- Bleistift
- Stichsäge
- 30 x 30 cm große, 9 mm dicke Sperrholzplatte
- Bohrerset
- 4 x 12 mm Schrauben
- 2 kleine Scharniere (Schrauben inbegriffen)
- 2 Riegel (Schrauben inbegriffen)
- 2 Plexiglasscheiben 20 x 30 cm
- Silikonkleber
- Schüssel
- Bohrmaschine
- 30 l gutes Pflanzsubstrat
- Wasser
- 2000 Kompostwürmer
- Essensreste

WURMFARM FÜR KINDER

NÜTZLICHE HAUSTIERE

Wenn ein Kind einem Wurm ein Halsband umlegen und ihn ausführen könnte, würde es dies tun. Wenn ein Wurm sprechen könnte, würde er zu erklären versuchen, warum dies keine allzu gute Idee ist. Manchmal macht die Beziehung zwischen Kind und Haustier nicht besonders viel Sinn.

Bei uns zu Hause wird unsere Hündin Molly am Halsband herumgezogen und jeden Morgen in das Badezimmer befördert, um mit Haarklips und Haarklemmen frisiert zu werden. Dann teilen Emi und Marlowe mit ihr Popcorn auf dem Sofa. Danach machen die Mädchen ein Nickerchen in ihrem Hundebett und nehmen alte Feindseligkeiten wieder auf, wenn sie darüber streiten, wem denn nun die Kuscheltiere gehören, die sie eigentlich miteinander teilen sollten. Legt man jedoch einen Wurm in ihre Hände, lassen sie Molly fallen wie eine heiße Kartoffel.

Die Beliebtheit von Würmern ist bei Kindern ansteckender als ein Hautausschlag in der Kita, und es ist eine Bindung voller Faszination. Haustier-Würmer zeigen dem Kind den Mikrokosmos des Bodens und all des Lebens, das ihn umgibt. Selbst für Erwachsene ist es oft nicht einfach zu begreifen, wie viel Leben darin steckt. Wusstest du, dass es in einer Handvoll Erde mehr lebende Organismen gibt als Menschen auf der Erde? Das ist die Lebenswelt des Wurms. Wenn du die Kinder mit einer Wurmfarm vertraut machst, bekommen sie die Chance, noch einen genaueren Blick darauf zu werfen.

Nutzt man eine alte Esky-Kühlbox für dieses Projekt, schenkt man einem Artikel, der für die Mülldeponie bestimmt war, ein zweites Leben. Und sie hat die perfekte Isolation für allerhand Wurm-Aktivitäten. Das Wichtigste ist, dass dieses Projekt Kindern die Möglichkeit bietet, Würmern bei der Arbeit zuzuschauen und zu verstehen, dass ein Wurm nicht nur ein lebendiges Spieltier ist, sondern auch ein nützlicher Verbündeter im Garten.

1

Besorg eine alte Esky-Kühlbox, die nicht mehr benutzt wird.

»

2 Miss ein kleines, etwa 10 x 20 cm großes Rechteck auf der Kühlbox ab. Dies ist der schwierigste Teil des Projekts, aber auch der wichtigste, da hier das **SICHTFENSTER** eingesetzt wird. Hoffentlich bekommt ihr die Gelegenheit, die Würmer zu beobachten, während sie fleißig bei der Arbeit sind.

3 Säge die Öffnung für das Fenster mit einer Stichsäge heraus. Dafür zuerst in einer Ecke ein Loch bohren, um das Sägeblatt einführen zu können.

4 Da Würmer gerne abgeschirmt leben, sind sie nur an dunklen und gemütlichen Orten aktiv. Daher müssen die Seitenöffnungen außerhalb der Beobachtungszeiten geschlossen werden. Für den Bau des Sichtfensters die äußere Kunststoffschicht abnehmen und deren Umrisse auf eine dünne Sperrholzplatte übertragen.

5

Säge das Sperrholz mit einer Stichsäge. Die Tür lieber eine Idee zu kleiner zusägen, damit sie sich leichter öffnen lässt. Obwohl die Schrauben des Riegels dabei helfen, das Sperrholz an der Plastiktür zu fixieren, wird am anderen Ende noch eine Verstärkung notwendig sein. Abschließend einige 12 mm Schrauben in jede Ecke schrauben.

6

Befestige die Scharniere mit den dazugehörenden Schrauben an der Tür.

7

Die Fenster werden nicht ausreichend gut schließen. Bring deshalb einen kleinen Riegel an, der es auch Kindern einfach macht, diese bei Bedarf geschlossen zu halten. Das ist kniffelig und anstrengend, wird sich jedoch am Ende lohnen.

»

8

Positioniere das Türscharnier auf der Kühlbox und schraub es fest. Großartig! Da du jetzt ein Profi bist, wiederhole die Schritte **2–8** auf der anderen Seite. Solltest du acht Kinder haben, gibt es wesentlich mehr zu tun, aber nun bist du daran gewöhnt.

9

Stell sicher, dass das Innere der Kühlbox sauber ist. Nimm nun eine Scheibe des Plexiglases – etwa 20 x 30 cm und befestige sie mit Silikon über der Öffnung.

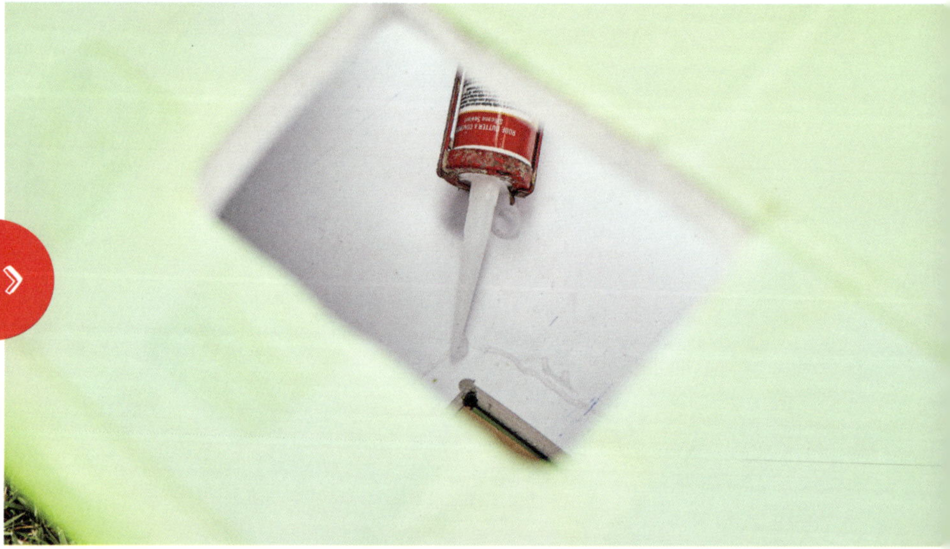

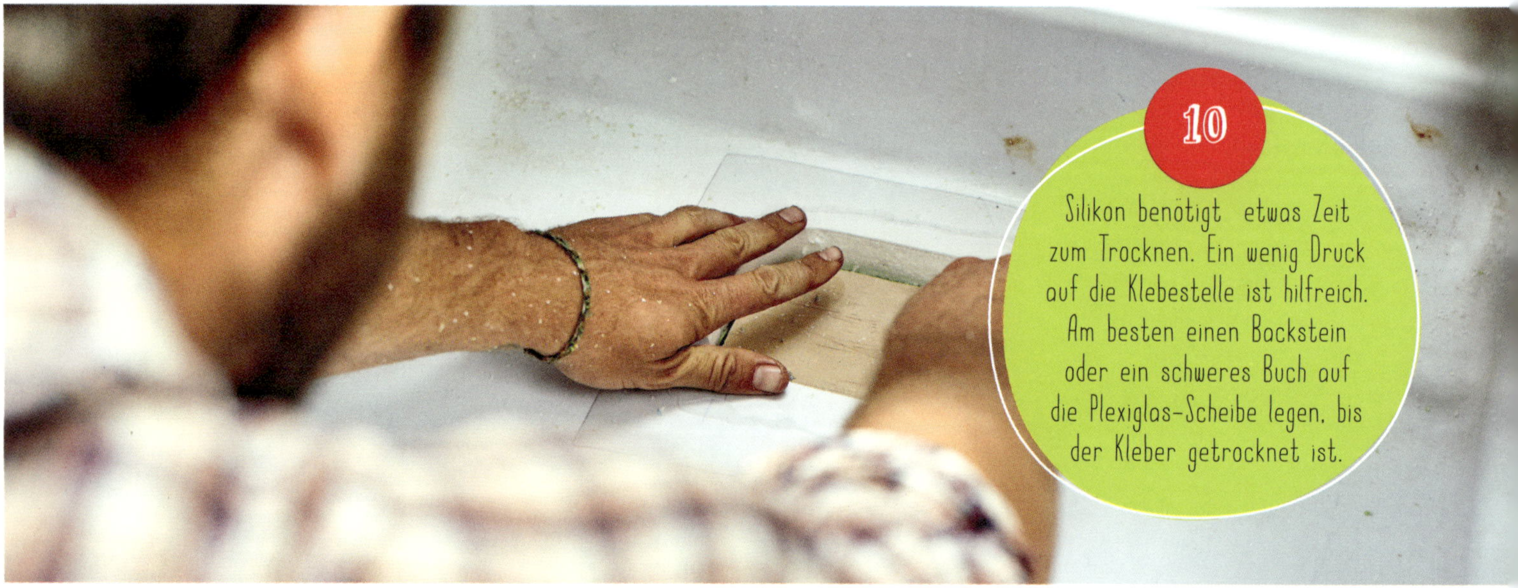

10

Silikon benötigt etwas Zeit zum Trocknen. Ein wenig Druck auf die Klebestelle ist hilfreich. Am besten einen Backstein oder ein schweres Buch auf die Plexiglas-Scheibe legen, bis der Kleber getrocknet ist.

‹ 11

Stell die Kühlbox etwas erhöht auf, um das **WURM-PIPI** auffangen zu können, dann ein Behältnis (oder Pipi-Töpfchen) unter dem Abflussventil aufstellen (das bereits von einer Maschine installiert wurde, die wesentlich geschickter ist als du).

»

12

Bohr etwa 20 kleine **Luftlöcher** mit einem 8 mm-Bohrer in den Deckel der Kühlbox. Würmer sind wie wir und brauchen Luft, um arbeiten und herumspielen zu können. Die Bohrlöcher sollten nicht zu groß, damit die Isolation der Kühlbox nicht darunter leidet.

13

Schütte etwas Pflanzsubstrat hinein und lass die neuen Haustiere einziehen. Dies wird ein kleiner Schock für die Kreaturen sein. Gib ihnen ein paar Tage Zeit, damit sie sich einrichten können, bevor sie mit der Arbeit beginnen. Würmer nehmen gerne ein kleines Getränk an, während sie sich einleben. Am besten einmal in der Woche, um sie vor Austrocknung zu schützen.

14

Wir lieben Haustiere, die sich ihren Lebensunterhalt selbst verdienen. Während du Lob für deine Geschicktheit einsteckst, werden diese Kerlchen Abfall in wunderbare Erde verwandeln.

< 15

Beginne nach einigen Tagen mit dem Füttern. Dafür Essensreste klein schneiden, die sind leichter verdaubar. Aber nicht zu viel füttern. Benutze deinen Geruchssinn, um herauszufinden, wie sie sich entwickeln. Wenn es unangenehm zu riechen beginnt, kommt es zur Vergärung und die Würmer können nicht schnell genug essen. Also lieber zurückhalten. Wenn der Inhalt wie Kompost aussieht und riecht, kann der Guss verwendet werden.

ÜBERBLICK

ZEIT

KNOW-HOW

KOSTEN

DU BRAUCHST DAFÜR …

- Das Talent einer Fashionista
- Alte Kinderkleidung (Hemd, Hose, Regenjacke, Handschuhe, Schuhe)
- 2 kleine Bambusstäbe
- 2 Kabelbinder
- Ein Stück Sackleinen
- Stroh
- Weiche Schnur
- Schminkstifte oder dicke Marker

VOGELSCHEUCHEN

CLEVER, KLEIN UND VERDAMMT GEMEIN

Es gibt nicht viele Projekte im Nutzgarten, die keine Wünsche offen lassen. Beim Basteln von Vogelscheuchen kann man sich Stift und Papier schnappen, eine lange Liste machen und beim Abhaken der Punkte das Gefühl bekommen, etwas erreicht zu haben. Vogelscheuchen sind perfekt, um Schädlinge zu vertreiben. Man kann alte Klamotten recyceln und Müll reduzieren. Man kann seine Geschicklichkeit verbessern und beweisen, dass die zarten, Bürohände auch für harte Arbeit geeignet sind. Dabei kann man die altmodische Jeans aus den 90ern tragen und Musik von Madonna hören. Ein Haken nach dem anderen.

Es ist umstritten, ob Vogelscheuchen tatsächlich ein gutes Mittel sind, Vögel und größere Schädlinge zu verjagen. Sicher ist, dass sie verschiedene Generationen vereinen. Bei diesem Projekt spielt das Alter keine Rolle, und das Gestalten einer Vogelscheuche wird große und kleine Kinder zusammenbringen.

Bisher haben wir immer monsterhafte Scheuchen gemacht, die größer und furchterregender waren, aber durch die kleinere Größe können Kinder dieses Projekt zu ihrem wirklich eigenen machen. Sie werden zu den Fashionistas dieses Projekts, und weil sie eigene alte Kleidung verwenden, entsteht eine Verbindung zwischen Kind und Vogelscheuche, die wir – als Erwachsene – nie verstehen werden.

Schon Horrorfilme aus den 90ern beweisen, dass die Größe für das Ausmaß des Schreckens nicht immer ausschlaggebend ist. Selbst kleine Plastikpuppen können eine große Macht und großen Schreckfaktor besitzen, wenn sie in den richtigen Kontext gesetzt werden. Große Scheuchen sind Vergangenheit, das Zarte einer kleinen, kinderähnlichen Vogelscheuche hat viel mehr Potenzial, Angst einzuflößen. Die Größe ist also keine Einschränkung, sondern sie macht wirklich schaurige Schreckmonster-Kreationen möglich.

1

Durchsucht den **KLEIDERSCHRANK DER KINDER** und schaut nach Kleidungsstücken, die für dieses Projekt passen könnten. Verwendet bloß nicht die schrecklichen Klamotten, die Tante Trude den Kindern geschenkt hat. Insbesondere, wenn die Kleider noch passen und bald zu Besuch kommen könnte.

2

Zunächst wird ein kleines Kreuz angefertigt. Dafür bindet ihr zwei Bambusstäbe mit Kabelbindern zusammen. Den einen Kabelbinder in eine Richtung und den zweiten in die andere anbringen. Bevor man es nicht selbst ausprobiert hat, erscheint das vielleicht wie die absolute Verschwendung eines einwandfreien Kabelbinders.

3

Als nächstes ist der Kopf dran. Dafür vom Sackleinen ein Stück von etwa 50 x 50 cm zuschneiden, das am oberen Teil des Kreuzes angebracht wird.

»

NUN GEHT'S ANS AUSSTOPFEN!

< 4 Platziert ein wenig Stroh in der Mitte des unteren Stoffbereichs und zieht dann den oberen Teil darüber, um einen Ballon zu bilden. Der Kopf der Vogelscheuche sollte nicht zu sehr aufgeblasen werden, sonst wird es knifflig. Es wird nur so viel Stroh benötigt, dass sich ein Kopf formen lässt, den man zusammenbinden kann.

5

Jetzt mit etwas Schnur am Hals zusammenbinden, um den Kopf und seinen Inhalt zusammenzuhalten.

< 6 Der Kopf ist geformt. Jetzt sind die Knochen des Körpers bereit für etwas Fleisch. Für den Oberkörper langärmliges Hemd benutzen, am besten zum Zuknöpfen. Zieht es über die Armknochen und stopft Leben in das kleine Monster. Jetzt fängt es an, etwas **UNHEIMLICH** zu werden ...

7

Für den Fall, dass es regnet, ist eine Regenjacke eine gute Idee. Natürlich haben wir die Ärmel entfernt, da keine Mode praktisch sein sollte. Die Vogelscheuche nun noch ein Paar Handschuhe.

8

Nun werden die Beine am Rumpf befestigt. Hier wird es etwas technisch, da ein paar kleine Löcher in den unteren Teil des Hemdes geschnitten werden müssen, damit man das Hemd und die Hose zusammensetzen kann. Hierfür könnt ihr auch die Gürtelschlaufen nehmen. Weiche Kordel ist am besten geeignet.

»

9

Weiter ausstopfen! Die Hose füllen und dann geht's an die Feinheiten der bisherigen Arbeit.

Jetzt kommen die Schuhe dran. Die Hose sollte prall genug ausgestopft sein, damit die Schuhe fest sitzen. So halten sie besser.

10 ›

‹ 11

Jetzt ist Zeit, das Make-up zu zücken und dem Monster etwas Charakter zu verleihen. Eyeliner, Lippenstift, ein Spritzer Chanel No 5 ... alternativ gehen auch ein paar dicke Filzstifte.

Nun habt ihr euer eigenes unheimliches kleines Ding, das die alten Kleidungsstücke der Kinder trägt. Alles ein Kinderspiel.

TOP 5

KINDERFREUNDLICHE PFLANZEN ANBAUEN

Viele Eltern würden ihre Kinder gern mehr in die Gartenwelt einbeziehen. Aber wie führt man sie in diese Welt ein, ohne dass sie alles zerstören? Alles, was mit so viel Mühe, Zeit- und Energieaufwand angepflanzt und gehegt wurde? Mit diesen fünf Pflanzensorten, können eure Kinder erste Erfahrungen sammeln. Sie werden lernen, wie man sie anbaut, überflutet, herauszieht, dem Erdboden gleichmacht und sie innig liebt.

1 RADIESCHEN

Radieschen sind eine super Einführung ins Gärtnern, auch für Kinder, da ihr Anbau ein Kinderspiel ist. Dabei werden die Kinder viel über alle Bereiche des Lebensmittel-Anbaus lernen – und das auf schnelle und zufriedenstellende Weise. Dies ist wichtig, damit die Kids das Interesse nicht verlieren. Kurz nach der Aussaat der Radieschensamen (bereits nach drei oder vier Tagen) keimt der Samen. Und mit der richtigen Pflege tauchen schon bald kleine Radieschen im Beet auf. Natürlich werden nicht viele Kinder Radieschen essen. Aber wenn sie die Gärtner-Herausforderung meistern können, musst ihr diese meistern!

Beim Anbau von Karotten geht's um das Ernte-Spektakel. Dem Kind beim Herausziehen einer Karotte aus dem Beet zu beobachten, wird für euch beide eine tolle Erfahrung. Jeder sollte wissen, dass es Nahrung in allen Formen und Größen gibt und nicht nur in den uniformierten Standards der Supermärkte. Eine knorrige, verdrehte, gabelförmige Wurzel aus dem Boden zu ziehen, unterstützt dies und ist ein Spiel, das wir Gemüse-Lotterie nennen. Eine Erweiterung dieses Spiels, die vielleicht ein wenig verfrüht ist für die Kleinen, sind Wetten auf die Ernteergebnisse. Wie lang wird die Karotte? Wird sie gabelförmig sein? Wettet um wenig, damit es nicht viel zu verlieren gibt. Eins ist aber sicher: Eine Karotte gibt es immer zu gewinnen.

2 KAROTTEN

3

PFEFFERMINZE

Pfefferminze ist für die Kleinen ein Kinderspiel. Und da sie Wasser liebt, kann sie zum Crashtest-Dummy werden. Wir haben schnell gemerkt, dass die Gießstrategie von Kindern nicht weit entfernt ist von dem Versuch einer Katze, eine Ratte zu ertränken. Aber zumindest erlaubt es Minze den Kindern, richtig dosiert gießen zu lernen, ohne dass sie allzu sehr darunter leidet. Sie wird die Kinder sogar dafür lieben. Wir bauen Minze nicht deshalb an, sondern weil wir sie gerne essen. Will man Minze vermehren, ist dies nicht komplizierter als das Pflanzen von Kikuyu-Gras. Einfach einen Strang (samt Wurzeln) eingraben, gießen und schon bald hat man einen neuen Kinderspielplatz. Minze vermehrt sich aber schnell. Man sollte daher überlegen, sie in einem Topf zu pflanzen und ihre Verbreitung so einzudämmen.

4

SALAT

Dies ist eine Einführung in die Kaninchenkost der essbaren Welt – und wie Kaninchen, ist auch Salat immer im Überfluss vorhanden. Das Schöne am Salat ist, wie die Pflanze durch das Ernten angespornt wird. Durch das Entfernen der reiferen, äußeren Blätter wird Energie freigesetzt, mit der die neue Generation heranwachsen kann. Und dieser Zyklus setzt sich so lange fort, bis die Pflanze schließlich bitter wird. Da oft zu viel Salat im Gemüsebeet wächst, sollte man ihn als die Schule des Erntens betrachten. Erlaubt den Kindern, sich beim Pflücken von Blättern, Brocken und auch von Jungpflanzen wie Kinder zu verhalten. Freut euch einfach, dass sie sich nicht um die schwarzen russischen Tomaten kümmern. Sollte doch das gesamte Beet zerstört werden, braucht es nur vier Wochen, um es wieder aufzubauen.

5

SONNENBLUMEN

Wer pflanzt nicht gern Sonnenblumen an? In unseren Regalen ist dies mit Sicherheit die Samentüte, die die meiste Aufmerksamkeit der Kleinen auf sich zieht. Es scheint, als würden alle Kinder von großen, leuchtenden Dingen angezogen. Wie kann man ihnen mehr Freude machen als mit dem Anpflanzen von Sonnenblumen. Sonnenblumen lieben ein sonniges Fleckchen im Garten und brauchen viel Platz, um sich bewegen zu können. Von diesen räumlichen Bedürfnissen mal abgesehen, sind ihre Anforderungen minimal. Das Schöne an dieser Pflanze ist die Größe ihres Stiels und natürlich ihrer Blütenköpfe. Für ein Kind ist diese wunderschöne Pflanze ein Freund fürs Leben. Sie wird gehegt und geliebt werden bis zum Ende ihrer Tage.

PROJEKTLISTE

RE-CYCLING & UP-CYCLING

Oft geht es bei unserer Ernährungsreise um Erwartungen und Entdeckungen. Anbau, Nahrungssuche und Ernte sind ungewiss und nicht vorhersehbar. Aber der Prozess macht Spaß und wird noch aufregender, wenn man am Ende etwas Wertvolles erhält, und selbst wenn es nur einen individuellen Wert hat. Man kennt das, wenn man durch einen Wald läuft, um Pilze zu suchen oder geduldig auf das Reifen von Tomaten wartet. Es ist der Kick, wenn man eine Angelschnur auswirft und das Anbeißen am anderen Ende spürt. Wir haben eine Veranlagung zum Jagen und genau darum geht es auch beim Recycling von Materialien.

Bei einigen unserer Lieblingsprojekte haben wir mit Kunden zusammenarbeitet, die nicht wollten, dass irgendetwas Neues verwendet wird. Wir haben einen 30 Jahre alten Baum in einen riesigen Zementmixer gepflanzt, Wandgärten aus Metallbehältern gebaut und einen Container in ein Café umgewandelt. Und wir glauben, dass große Apfelkisten in alles Mögliche verwandelt werden können.
In all diesen Fällen wussten wir nicht, wohin die Jagd führen würde; und erst nachdem wir das richtige Material gefunden hatten, kam der Zweck zum Vorschein.

Wir möchten keinen falschen Eindruck vermitteln – Altmaterial verwerten ist keine glamouröse Aufgabe. Hat man erst einmal den Wert einer ganz bestimmten Sache erkannt, läuft man Gefahr, dass man in jedem Stück Abfall, das man findet, einen Wert erkennt. Und ehe man sich versieht, schläft man im Sessel, weil das Bett voll ist mit Kabeltrommeln. Der Trick ist zu wissen, was man wirklich braucht. Es ist einfach nicht möglich, jede großartige Idee auch umzusetzen. Geht raus und probiert euch aus. Mit etwas Erfahrung erkennt man schnell die wirklich guten Ideen. Es wird ölige Händedrücke geben, und ihr werdet sich sonnenden Staffordshire Bullterriern begegnen. Ebenso Splittern und rostigen Nägeln. Es werden auch viele schlechte Ideen dabei sein. Aber auch Zementmixer voller Bäume – und genau deshalb tut ihr es!

Im Kern geht es in diesem Kapitel nicht um bestimmte Ideen, die jeder umsetzen wird. Es geht darum, Leute dafür zu begeistern, hinauszugehen und ihren eigenen Schatz zu finden. Es geht um das Erforschen neuer Orte und darum, sich selbst zum Kreativsein herauszufordern. Je mehr wir mit upcycelten Materialien experimentieren, desto mehr Möglichkeiten werden wir entdecken. Ideen bauen auf anderen Ideen auf. Wir hoffen, durch unsere Beispiele zeigen zu können, wo überall Potenzial drinsteckt und das erkennen wir gerade auch selbst.

ÜBERBLICK

ZEIT

KNOW-HOW

KOSTEN

DU BRAUCHST DAFÜR …

- Verpackungskiste aus Holz
- Große Lenkrollen
- 20 Terrassenschrauben, 50 mm
- Akkuschrauber, Bits und Bohrer
- Lebensmitteltaugliche Kunststofffolie (Baustofffolie)
- Holz zur Verstrebung (optional)
- Alte Plastikblumentöpfe
- Styroporboxen
- Unkrautvlies
- Tacker und Klammern
- 5–10 x 30-Liter-Säcke hochwertiges Pflanzsubstrat
- Kräuter oder Pflanzen eurer Wahl

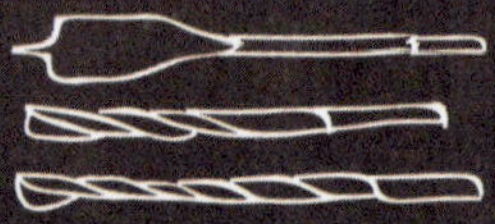

HOCHBEET AUS RECYCLING-MATERIAL

DES EINEN MÜLL …

Leute, die über erhöhte Beete sprechen, sind oft fest davon überzeugt sind, dadurch zu Gartenexperten zu werden. Die Wahrheit sieht jedoch immer noch so aus, dass ein erhöhtes Beet einen nachlässigen Gärtner auch nicht davor bewahrt, unbeabsichtigt Pflanzen eingehen zu lassen. Die Gefahr ist nur geringer.

Ein Hochbeet kann alles Mögliche sein, womit man die Anpflanzhöhe im Garten anheben kann, und es muss nicht unbedingt dafür hergestellt worden sein. Viele alte Materialien können dafür benutzt werden. Auf zur Schatzsuche und stöbert nach Dingen, die wenig oder gar nichts kosten.

Wählt bei der Suche nur Materialien, die ungiftig sind. Schließlich ist ein Grund für das Anbauen von Obst und Gemüse, dass es schmeckt und insbesondere frei von Chemikalien ist. Also besser keinen Kompromiss mit einem Behältnis eingehen, aus dem gefährliche Giftstoffe herausgewaschen werden könnten.

Übt das Feilschen. Und zwar bevor ihr zur Tat schreitet, sei dies auf einem Schrottplatz oder im Haus eines Sammlers, auf das ihr gestoßen seid. Wir haben eine Drei-Phasen-Strategie: Niedrig beginnen, verwirrt dreinschauen und kein weiteres Wort sagen. Im Lauf der Jahre hatten wir unterschiedlich gute Erfolge. Es ist wie Angeln. Oft bekommt man nicht einen Happen, stimmen Zeitpunkt und Bedingungen, kann man einen guten Fang machen.

Vergesst nicht, dass traditionelle Hochbeete normalerweise aus langlebigen Materialien und auf weichen Böden gebaut werden, damit das Wasser durch die Erde gut absickern kann. Unsere wiederverwerteten Obstkisten, Verpackungskisten, Schubkarren, alte Badewannen sind geschlossen und in manchen Fällen wenig langlebig. Hier gelten bei der Vorbereitung und beim Sicherstellen, dass sie gut funktionieren, ganz andere Regeln.

1

Als Erstes kommt die **Jagd**. Wenn ihr wie wir seid, werdet ihr die Herausforderung genießen, eine Kiste zu finden. Und das zu einem absoluten Tiefpreis. Wir möchten nicht zu viele unserer Geheimnisse preisgeben, aber schlagt doch einmal Holzrecycling-Zentren nach. Oder kennt ihr vielleicht einen Importeur? Fliesen, Autoteile, weiße Ware, Gartentöpfe, Dinge zum Tarnen unerlaubter Drogen – interessantes Zeug jeder Art kommt in schönen, großen Holzkisten auf Schiffen an. Vermeidet auf eurer Suche, im teuren SUV mit Allradantrieb aufzutauchen. Denn dies würde euch beim Feilschen einen riesigen Schritt zurückwerfen.

»

‹ 2

Da das Hochbeet ein Behältnis ist, kann man es mit Lenkrollen mobil machen. Bedenkt aber, dass eine Kiste mit nasser Erde wirklich schwer ist. Die Lenkrollen müssen nicht nur strapazierfähig und stabil sein, sondern sie benötigen auch eine glatte Oberfläche zum Rollen. Stellt die Kiste auf den Kopf und bringt an jeder Ecke mit Sechskantschrauben eine Lenkrolle an. Am besten erst ein Führungsloch vorbohren. Eine Schlagbohrmaschine wird dies zu einer wahren Freude machen.

Als nächstes geht's um die **Dränage**. Die verwendeten Kisten sind zwar nicht wasserdicht, aber sie lassen das Wasser auch nicht besonders gut ablaufen. Seid also großzügig beim Anbringen von Dränagelöchern. Verwendet eine Bohrmaschine und Bits von 10–20 mm. Einige winzige Löcher am Boden werden meist nicht ausreichen – gebt dem Wasser ausreichend Raum zum Ablaufen.

3 ›

‹ 4

Vergesst nicht, dass das Wasser aus den Dränagelöchern auch wegfließen muss. Beim Platzieren der Kiste also darauf achten, dass es eine Abflussmöglichkeit gibt, zum Beispiel an einem Gully oder in der Nähe von weichem Boden (zum Beispiel Rasen).

5

Anders als beim traditionellen Hochbeet, bei dem Langlebigkeit im Vordergrund steht (gebaut aus schönem festen Holz oder aus Stein), wurde eure recycelte Kiste wahrscheinlich nicht dafür entworfen, große Mengen nasser Erde aufzubewahren. Versucht, das Holz vor vorzeitiger Verwitterung zu **schützen**, indem ihr die Kiste mit lebensmitteltauglicher Folie auskleidet. Bedeckt die Seiten mit Folie und tackert sie fest. Der Boden sollte jedoch frei bleiben, da dort ja das Wasser ablaufen soll.

6

Ist die Kiste sehr tief, überlegt, ob ihr sie komplett mit Erde füllt. Bei einem Obstbaum könnte dies erforderlich sein. In diesem Fall die Kiste am besten verstärken. Dafür zwei Holzplatten an der Innenseite der Kiste befestigen und anschließend mit einer Verstrebung aus Holz verbinden. Dadurch wird der Druck, den Erde und Wasser ausüben, stark gemindert.

7

Die meisten essbaren Pflanzen benötigen nur 30 cm Erde, und weniger Erde mindert den Druck auf den Behälter. Ihr könnt einen doppelten Boden aus alten Plastiktöpfen – verstärkt mit Styroporboxen – bauen. Dies wird die Höhe der Erde anheben. Baut dafür zuerst die Töpfe auf. Ist die Höhe der Töpfe in Ordnung, stellt auf dem Kopf stehende Styroporboxen darauf. Sie bilden eine relativ gleichmäßige flache Basis.

»

8

Legt Unkrautvlies darüber und tackert es am Holz fest, damit die Erde nicht hindurchfällt.

9

Nun großzügig mit Pflanzsubstrat auffüllen. Besonders auf kleinem Raum macht eine **GUTE QUALITÄT** einen riesigen Unterschied.

10

Abschließend nach Wunsch bepflanzen!

Jetzt habt ihr eine schicke, beständige und mobile Essensmaschine, die auf ihren Einsatz wartet.

ÜBERBLICK

ZEIT

KNOW-HOW

KOSTEN

DU BRAUCHST DAFÜR …

- 1 leere 2-Liter (Milch)flasche mit Deckel, aus Kunststoff
- Permanent-Marker
- Schere
- Altes Baumwoll-T-Shirt
- Bürotacker und Heftklammern
- Pflanzsubstrat
- Setzling nach Wahl

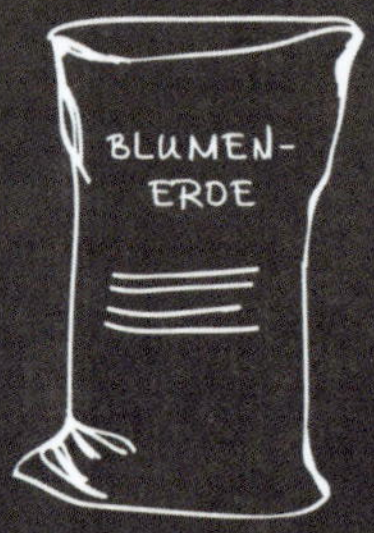

SELBST BEWÄSSERNDER TOPF

DIE MILCH MACHT'S!

Bevor ich Vater wurde, habe ich mich nie wirklich mit dem Ausmaß der Milchindustrie auseinandergesetzt. Innerhalb weniger Jahre bekam meine Partnerin zwei wundervolle kleine Mädchen und ehe wir uns versahen, hatten sich beide in Milchmonster verwandelt.

Milch bedeutet alles für Milchmonster. Und zwar morgens, abends, um Mitternacht und sogar wenn sie beginnen, sich schlecht zu benehmen und die Wohnung auseinanderzunehmen. Ich habe mich zwar immer noch nicht ganz mit dem Gedanken angefreundet, dass sich meine Kinder hauptsächlich von einem landwirtschaftlichen Produkt ernähren, das von muhenden Farmtieren stammt. Aber ich bin zufrieden, dass ich nun wirklich Vater bin. Wir bezahlen nun brav unsere Steuern und tragen zur Wirtschaft bei, weil der Großteil unseres Einkommens in die Milch fließt, die unsere Kinder trinken.

Anstatt mit der Angst zu leben, dass die Monster rufen und die Milchflasche leer ist, konzentrier dich lieber auf das Basteln einer praktischen Pflanzvorrichtung. Denn eine Flasche kann leicht in ein sich selbst bewässerndes Pflanzgefäß verwandelt werden. Ein Pflanzgefäß, das sich selbst bewässert? Ja, mithilfe eines Dochts ist das möglich. Dazu braucht man einen alten Kunststoffbehälter und einige einfache Haushaltsmaterialien.

Das könnte die Milch-Horrorgeschichte beenden und der Punkt, an dem die Monster mit mehr Gemüse gefüttert werden!

‹ 1

Schneide die (Milch)flasche horizontal durch, etwa am unteren Drittel, gerade unterhalb des Griffs. Der Schnitt soll gerade sein. Daher nicht einfach drauf losschneiden, sondern erst eine Linie markieren und dieser folgen.

Super Anfang. Der obere Teil mit dem Griff wird auf den Kopf gestellt. Dieser Teil ist für die Pflanze, und der untere Teil der Flasche wird zum Wasserreservoir.

2 ›

3

Befüll das Reservoir etwa 3 cm hoch mit Wasser.

»

4

Schnapp dir ein altes Baumwoll-T-Shirt, jetzt geht's an den Docht. Dieser dient dazu, das Wasser aus dem Reservoir in die Erde zu leiten, wo es der Setzling aufnehmen wird. Hast du jemals ein Papiertaschentuch in ein Glas Wasser getaucht und dabei zugeschaut, wie das Wasser vertikal durch das Gewebe nach oben wandert? Das wird auch der Baumwollstoff tun. Schneide eine 2 x 10 cm großen Streifen vom T-Shirt ab.

5

Ziehe den Docht durch den Boden des Gefäßes, dort wo zuvor der Deckel war und lass die Hälfte davon **herabhängen**.

6

Fixiere den Docht mit einem Bürotacker. Dies verhindert sein Wegrutschen.

7

Schneide nun ein Kreuz in den Deckel.

8

Den Docht durch den Deckel führen und den Deckel wieder aufschrauben. Der Docht kann so Wasser aufsaugen und es in das Pflanzgefäß befördern, während der Deckel verhindert, dass die Erde in das Reservoir fällt.

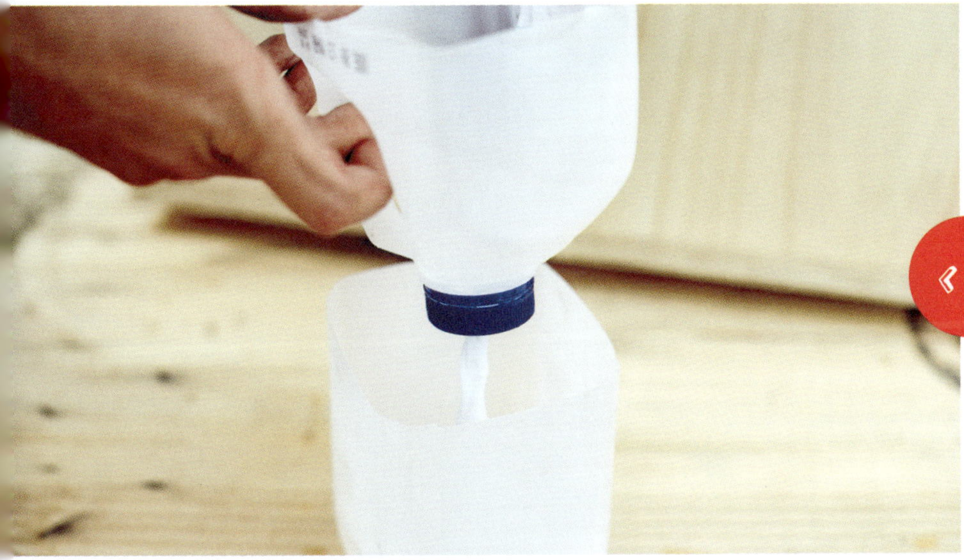

9

Die Verwandlung ist fast fertig. Verbinde die beiden Abschnitte. Nun erhaltst du den Optimus Prime des Gärtnerns auf kleinem Raum.

10

Füll das Gefäß jetzt mit Pflanzsubstrat. Du weißt schon, mit dem guten Zeug. Das Zeug, das wie **dunkle** Schokolade riecht.

11

Nun einen Setzling einpflanzen. Idealerweise ist es eine Pflanze, die sich auf diesem kleinen Raum voll entwickeln kann. Geeignet sind beispielsweise viele Salate oder Basilikum. Gieß die Pflanze ausreichend, damit die Erde feucht ist. Der Docht wird Wasser aus dem unten liegenden Reservoir ziehen und die Pflanze nach Bedarf versorgen. Füll das Wasser regelmäßig nach oder wenn nicht mehr genug vorhanden ist.

Siehe da! Ein Objekt von preiswerter, funktionaler, grenzenloser Schönheit.

ÜBERBLICK

ZEIT

KNOW-HOW

KOSTEN

DU BRAUCHST DAFÜR …

- Verschiedene, alte Löffel
- Schraubstock
- 2 Holzbretter (Reststücke), größer als die Löffel
- Buchstaben-Prägestempel

Hinweis: Solltet ihr keinen Schraubstock haben, können die Löffel auch geplättet werden, indem sie zwischen zwei Platten Holz und einem Auto darauf legt.

PFLANZSCHILDER AUS ALTEN LÖFFELN

LÖFFELKUNST

Wer hat beim Besuch einer zeitgenössischen Kunstausstellung nicht schon einmal gedacht: „Das hätte ich auch gekonnt. Wieso bin ich nicht darauf gekommen?" Ich sage dies nicht, um die Leistung eines Künstlers zu mindern, der ein pinkfarbenes Band von der Decke hängt oder einen einzelnen schwarzen Kreis auf eine weiße Leinwand malt. Das Geniale liegt natürlich darin, überhaupt die Idee gehabt zu haben. Eine entsprechende Erfahrung hatte ich, als ich zum ersten Mal Schilder aus recycelten Löffeln in einem Edel-Gartenshop sah. Obwohl dies eine ganz einfache und praktische Verwendung eines Gebrauchsartikels ist, hätte ich nie daran gedacht. Die recycelten Löffelschilder sind ein Fall von künstlerischer Inspiration, die ich gerne mit der restlichen Welt teile. Anders als die Leinwände mit schlecht gemalten geometrischen Formen, die ich in meiner Garage versteckt halte.

Klar ist eine Markierung der Beete nicht unbedingt erforderlich, aber ein paar Schilder auf der Strecke haben beim Navigieren noch nie geschadet. Ein recyceltes Löffelschild setzt deinem handwerklichen Geschick und deiner gärtnerischen Hingabe ein kleines Denkmal. Kein Vergleich zu den Plastikschildchen, die man mit einer Kiste Setzlingen kauft oder beschrifteten, verblichenen Eisstielen, die nicht einmal eine Saison überleben.

Bereits die Auswahl der Löffel macht Spaß. Schau in eure überfüllte Besteckschublade und sortiere aus, was tatsächlich benutzt wird. Vielleicht wäre dieser muschelförmige Löffel, der bei jedem Bissen einen metallischen Geschmack hinterlässt, doch besser im Garten aufgehoben. Möglicherweise wollte dieser Löffel, der jedes Mal in der Mitte umklappt, wenn man ihn in einen Becher Eiscreme steckt, dir längst etwas sagen. Egal welcher Löffel es wird. Ob großer oder kleiner Löffel, unterschiedliche Größen und Formen machen die Gartenlandschaft noch interessanter.

1

Besorg einige Löffel. Wohnst du in einer Wohngemeinschaft, in der es nur vier Löffel gibt, tu deinen Mitbewohnern doch einen Gefallen und schaff im Second-Hand-Shop einen zusätzlichen Vorrat an.

2

Zunächst brauchst du einen Schraubstock. Darunter verstehen wir ein metallenes Werkzeug mit verstellbaren Backen, das normalerweise an eine Werkbank montiert wird.

3

Aus den Holzblöcken eine Art Sandwich bilden, in das die Löffel hineingelegt werden. So lässt sich der Druck gleichmäßiger über den gesamten Löffel verteilen. Dafür eignen sich alle Holzreste, solange sie größer sind als der obere Teil des Löffels. Hartholz eignet sich am besten, da weicheres Holz unter Druck nachgibt.

4

Falls du Probleme hast, alles alleine zu halten, bitte doch einen Freund um Hilfe. Es ist immer gut, andere zu beteiligen. Außerdem stärkt es die Freundschaft.

5

Dreh den Schraubstock langsam zu. Dies kann durchaus etwas Kraft erfordern. Es ist eine großartige Gelegenheit, deine Fitness zu demonstrieren. Krempel die Ärmel hoch und geh die Sache langsam an, um einen Arbeitsunfall zu vermeiden.

6

Wenn du denkst, dass der Löffel flach genug ist und du deinen Freund mit Herkules-Kräften beeindruckt hast, lockere den Schraubstock und überprüf das Resultat.

Ein ganz flacher Löffel macht das Prägen einfacher. Bearbeite den Löffel weiter mit dem Schraubstock, falls du mit dem Ergebnis noch nicht zufrieden bist.

7

Such die benötigten Buchstaben aus dem Buchstaben-Prägestempel-Set aus. Gehe es locker an. Klappt es nicht auf Anhieb, kannst du von vorn beginnen.

»

‹ 8

Schlage die Prägestempel vorsichtig mit einem Hammer in den Löffel. Ein schlecht platzierter Schlag kann den Löffel ins Jenseits befördern und zu einem unansehnlichen blauen Daumen führen. Und schließlich versuchen wir hier doch unseren **GRÜNEN DAUMEN** unter Beweis zu stellen.

9

Weiter so! Such im Garten die entsprechenden Pflanzen und markiere sie mit einem Schild, das sie stolz machen wird. Die Lebensdauer dieser Schilder ist wesentlich länger als die der Pflanzen. Bewahre die kleinen Kostbarkeiten außerhalb der Saison an einem sicheren Ort auf. So hast du jedes Jahr Freude daran.

WOCHEN-ENDE

ÜBERBLICK

ZEIT

KNOW-HOW

KOSTEN

DU BRAUCHST DAFÜR...

- Mindestens 1 freies Wochenende
- 4 große gebrauchte Apfelkisten (in gutem Zustand)
- Säbelsäge
- Akkuschrauber, Bits und Bohrer
- 50 Holzschrauben 40 mm
- Stichsäge
- 1 Kiefernholzbrett, 35 mm stark, 1,20 m x 70 mm
- 10 Terrassenschrauben, 70 mm
- Kleine Holzleiter
- Handkreissäge
- Bootsbausperrholz, 1,20 x 1,20 m
- Kunstrasen (Reste)

DAS APFELKISTEN-SPIELHAUS

SO WIRST DU PAPA DES JAHRES

Seit ich Vater bin, habe ich eins gelernt: Wer Kinder hat, darf endlich Dinge tun, die er oder sie in der eigenen Kindheit nicht konnte oder durfte. Zum Beispiel Kuchen zum Frühstück essen. Oder einen richtigen Bagger fahren. Oder einen ganzen Monat lang die Wochenenden damit verbringen, das beste Spielhaus aller Zeiten zu bauen.

Manche Dinge tut man nur für die Kinder. Es gibt aber andere, von denen die ganze Familie etwas hat – zum Beispiel, ein Spielhaus zu bauen, neben dem das Wohnhaus aussieht wie die letzte Bruchbude. Mit meinem ersten Spielhaus habe ich jede Menge Lob eingeheimst, von meiner Frau, meinen Kids, meinen Eltern und meinem Nachbarn Paul. Ich bin jetzt der perfekte Spielhausbauer, Vater und Sohn in einer Person, und das stinkt Paul ganz entschieden.

Eine Schwierigkeit gibt es bei solchen Bauvorhaben: Man muss wissen, wann es genug ist. Manche Leute können einfach nicht aufhören, immer neue Verbesserungen so erfinden. Das kann bei diesem Spielhaus eine Menge Zeit kosten und richtig ins Geld gehen.

Idealerweise sollte das Spielhaus so groß sein, dass man gerade noch ohne Baugenehmigung davonkommt. Wir haben es aber etwas verkleinert, damit der Bau an einem Wochenende zu schaffen ist und bezahlbar bleibt.

Für große Apfelkisten gibt es, genau wie für Paletten, 99 Verwendungsmöglichkeiten. Dies ist nur eine davon.

1

Zuerst muss ein passender, ebener Platz gefunden werden. Das Haus selbst hat eine Grundfläche von etwa 1,20 x 1,20 m und eine Höhe von etwa 2 m. Außerdem muss vor der Tür genug Platz sein, um bequem einzutreten.

2

Zersäge eine Apfelkiste. Die Bretter kannst du für dieses Projekt gut gebrauchen. Die Kisten sind gebraucht und die Nägel sind rostig. Darum lassen sie sich schlecht mit Kuhfuß und Hammer zerlegen. Nimm lieber die Säbelsäge zur Hand. Es macht nichts, wenn dabei einige Bretter brechen oder splittern. Du brauchst etwa die Hälfte der Kistenbretter. Der Rest eignet sich bestens als Anzündholz für den Kamin.

3

Eine Apfelkiste gerade auf den ebenen Boden stellen und die andere kopfüber daraufsetzen. Das war's. Schon fertig. Na ja, nicht ganz.

4

Zuerst braucht das Haus eine Tür. Am besten bringst du erst den Rahmen an, bevor du die Öffnung sägst. Sonst haben die durchgesägten Bretter keinen Halt und fallen auf das Sägeblatt. Unpraktisch, denn du willst ja bauen und nicht schimpfen. Nimm für den Türrahmen Bretter von der zersägten Kiste und schraube sie mit 40 mm-Holzschrauben auf der unteren Kiste fest.

5

Jetzt kannst du die Türöffnung an den Innenkanten des Rahmens aussägen. Ganz einfach! Die dunkle Holzkiste hat einen perfekten Eingang.

6

Fenster braucht das Häuschen auch – eins auf jeder Seite. Geh dabei ebenso vor wie bei der Tür und schraube zuerst Rahmen aus Brettern fest. Die Fensterhöhe entspricht vier Brettern der Kiste, die Breite sollte etwa 80 cm betragen.

7

Schneide die Öffnungen aus. Damit sind die Fenster fast fertig.

»

8

Die ausgeschnittenen Bretter brauchst du, um das Fenster noch pfiffiger zu gestalten. Eins dient als Fensterbank, auf der Tee und Cupcakes serviert werden können. Befestige es mit 40 mm-Holzschrauben.

9

Das andere Brett dient als kleines Vordach, damit Tee und Cupcakes nicht nass werden. Sorgfältig festschrauben.

10

Bei dieser Gelegenheit kannst du den Boden des Häuschens gleich mit Kunstrasen auslegen. Nur so eine Idee …

11

Nun werden die seitlichen Kanthölzer und die Mittelverstärkung vom Boden der kopfüber gedrehten Kiste entfernt. Mit dem richtigen Werkzeug ist das kein Problem. Wir haben dafür eine Säbelsäge mit einem flexiblen Blatt benutzt. Damit kann man sogar Nägel durchsägen.

»

12

Damit es ein Traumhaus wird, fehlt noch ein Obergeschoss, aus dem man die Aussicht genießen kann. Das Bauwerk ist also erst halb fertig. Dafür brauchst du die dritte Kiste. Zuerst wieder Kanthölzer und Mittelverstärkung unter dem Boden entfernen. Der Rest ist einfach: Anpacken und obendrauf stellen. Die Öffnung zeigt nach oben. Da könnt ihr zeigen, was für starke Kerle ihr seid!

13

Damit das Obergeschoss fest sitzt, wird es mit 40 mm-Holzschrauben auf dem Unterbau verschraubt – pro Bodenbrett eine Schraube.

Ins Obergeschoss geht's über eine Leiter. Dafür muss ein Loch in den Boden gesägt werden. Weil dadurch der Boden geschwächt wird, musst du den Rand des Lochs mit dem neuen Brett aus Kiefernholz verstärken. Achte beim Festschrauben darauf, dass der Abstand zur Seitenwand etwas breiter als deine Leiter ist (gelber Pfeil). Nimm mindestens sechs 70 mm-Terrassenschrauben, um das Kiefernholzbrett zu befestigen.

14 >

15

Drehe auch durch die Seitenwände des Houses Schrauben in die Hirnholzenden des Kiefernbretts.

»

16

Jetzt drei Bodenbretter an der Innenkante des Kiefernbretts durchsägen …

17

… und herausnehmen. Fertig ist das Loch für die Leiter.

< 18

Die Leiter aufstellen. Glückwunsch! Jetzt können die Kinder auf der neuen Dachterrasse essen. (Immobilien mit Dachterrasse sind begehrt und teuer!). Natürlich finden verantwortungsbewusste Eltern es nicht gut, wenn die Kinder im Regen draußen spielen und sich erkälten. Fehlt also noch ein einigermaßen wasserdichtes Dach.

« 19

Nun musst du die Pfosten zuschneiden, die das enorme Gewicht des Dachs (die dünne Sperrholzplatte) tragen. Aus ästhetischen Gründen nehmen wir dafür die Kanthölzer aus den Ecken der zersägten Kiste. Zwei werden nur an einem Ende um 20° angeschrägt. Die beiden anderen kürzt du auf 50 cm und sägst sie auch etwas schräg ab.

20 »

In jeder Ecke der Dachterrasse ein 60 cm langes Brett so festschrauben, dass es zur Hälfte über den Rand hinaussteht. Daran werden die Dachpfosten befestigt.

« 21

Die beiden langen Pfosten in den vorderen Ecken an die Bretter schrauben, die beiden kurzen in den hinteren Ecken. Die abgeschrägten Enden zeigen nach oben, und alle fallen von vorn nach hinten ab.

»»

22

Jetzt das Dach auflegen und alle vier Ecken mit Schrauben befestigen.

23

Verkleide die Pfosten mit Brettern – einfach weil es besser aussieht.

24

Nun brauchst du das Haus nur noch innen und außen zu streichen. Dann kannst du Eltern, Schwiegereltern, Nachbarn und Freunde zur Einweihung einladen – am besten alle, von denen du gern einmal hören möchtest, was für ein toller Kerl du bist.

ÜBERBLICK

ZEIT

KNOW-HOW

KOSTEN

DU BRAUCHST DAFÜR…

- 1 Palette
- Handsäge
- Säbelsäge
- Bandmaß
- 25 Holzschrauben, 40 mm
- Akkuschrauber, Bits und Bohrer
- Schleifpapier und Schleifklotz oder Schwingschleifer
- 4 kleine Haken
- 2 Gerätehalter
- 2 mittelgroße Trichter (am besten aus Metall)
- Alte Metallharke ohne Stiel
- 2 Winkel
- Wasserwaage
- 2 Terrassenschrauben, 50 mm

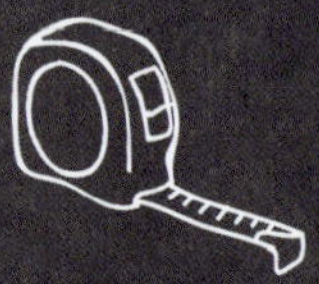

DIE ULTIMATIVE WERKZEUGWAND

PLATZ FÜR ALLES

Wenn man Leute zuhause besucht und sich umsieht, kann man eine Menge erfahren. Machen Sie die Betten? Läuft jeden Tag die Waschmaschine? Stapelt sich der Abwasch, oder ist der Allzweckreiniger ständig im Einsatz? Lesen sie 50 Shades of Grey oder Das Bildnis des Dorian Gray? Ob es fair ist oder nicht: Aus solchen Beobachtungen bildet man sich eine Meinung. Das gilt auch für den Garten und die Ordnung, die dort herrscht (oder nicht).

Ich weiß nicht, wie es unordentlichen Leuten geht. Ich habe genug Unordnung im Kopf, darum brauche ich eine aufgeräumte Umgebung, damit ich mich konzentrieren kann. Wenn ich Ordnung schaffe, steigt oft auch mein Respekt vor dem Raum oder Bereich. Wenn ich das Auto geputzt habe, kommt es mir so vor, als ob es besser fährt.

Manchmal braucht es gar nicht viel Aufwand, um das Potenzial einer Sache zu erkennen und zu nutzen. So ist es auch mit diesem Gerätehalter. Er wird dir helfen, deinen Garten mit neuen Augen zu sehen. Vielleicht durch eine rosarote Brille.

Mit dem Gerätehalter kannst du zeigen, dass dir dein Garten wichtig ist. Er ist ideal für Leute mit kleinem Garten, weil man nicht viel Werkzeug braucht. Ein paar Handwerkzeuge, Schnur, Handschuhe und vielleicht ein natürliches Schädlingsbekämpfungsmittel, das genügt. Es geht nur darum, das voll auszuschöpfen, was du schon hast – wie in dem amerikanischen Kinofilm *Eine wie keine*, in der die Heldin zur Loserin gestempelt ist, bis sie ihren farbbekleckerten Overall auszieht und die hässliche Brille ablegt. Kleine Veränderungen können die Perspektive total verändern. Wenn du die Werkzeugwand baust, wird Freddie Prize Jr. dich zwar nicht zum Ball ausführen, aber die Gartenarbeit geht dir schneller von der Hand.

1

Besorg dir eine **SCHÖNE PALETTE**. Nicht irgendeine, sondern eine, die mit dem Alter schöner wird. Sozusagen den Robert Redford unter den Paletten.

»

2

Schneide mit der Handsäge einen Teil der Palette ab (zwei Brettbreiten). Das abgesägte Holz wird zum Bauen der Werkzeugwand gebraucht.

3

Zerlege den abgesägten Teil mit der Säbelsäge.

4

Jetzt wird das Regal für die Mitte gebaut. Miss die Lücken zwischen den Querhölzern der Palette aus. Sie sind etwas kürzer als die halbe Breite der Palette.

5

Schneide mit der Handsäge Bretter vom abgesägten Teil (Schritt 2) auf Länge. Sie sollen rechts und links neben die Mittelstrebe passen.

6 >

Befestige die Bretter mit 40 mm-Holzschrauben an den Unterseiten der Mittelbretter der Palette, sodass zwei oben offene Kästen entstehen. Das ist ein **AUFBEWAHRUNGSFACH** für Flaschen mit Dünger, Schädlingsbekämpfungsmittel und Samentüten.

< 7

Weil niemand Splitter in den Händen gebrauchen kann, wird die Palette schön glatt geschliffen. Du kannst Schleifpapier um einen Schleifklotz legen. **SCHNELLER UND EINFACHER** geht es mit einem elektrischen Schwingschleifer.

>>

8

Drehe im oberen Abteil der Palette Schraubhaken ins Holz. Daran kannst du kleine Werkzeuge aufhängen.

Im unteren Bereich der Werkzeugwand schraubst du ein paar Gerätehalter fest. Sehr praktisch für mittelgroße Werkzeuge, z. B. eine Schaufel mit kurzem Stiel oder einen Hacke.

‹ 9

‹ 10

Montiere die Trichter mit kurzen Schrauben an der Palette. Schnur und Bindfaden lassen sich gut abschneiden, wenn man sie durch die Trichter fädelt, und sie verheddern sich nicht.

11

Bei uns lag ein alter Harkenkopf herum, und er hatte sogar schon ein Loch, durch das einmal der Griff festgeschraubt war. Falls du etwas Ähnliches findest, **BEFESTIGE** es mit einer Schraube. Daran kannst du alles Mögliche aufhangen.

12

An den Seiten der Palette werden stabile Winkel festgeschraubt.

13

MISS dein längstes Werkzeug. Diese Länge bestimmt, wie hoch du die Palette aufhängen musst.

»

14

Jetzt die Palette anheben, mit der Wasserwaage gerade ausrichten …

15

… und mit 50 mm-Terrassenschrauben an die Wand schrauben.

‹ 16

Hast du noch Haken übrig? Dann schraube sie in den Boden des Mittelfachs und hänge auf, was einen Platz braucht.

He, Kumpel. Ein Stück Schnur gefällig?
Kein Bedarf, ich muss die Schaufel schwingen.

ÜBERBLICK

ZEIT

KNOW-HOW

KOSTEN

DU BRAUCHST DAFÜR...

- Große Kabeltrommel aus Holz
- Handkreissäge
- Schwingschleifer
- Kiesel, Schotter, Fliesenbruch, Blumentopfscherben
- Hochwertiges Pflanzsubstrat
- Kräuter oder Gemüse nach Wahl
- Wasser

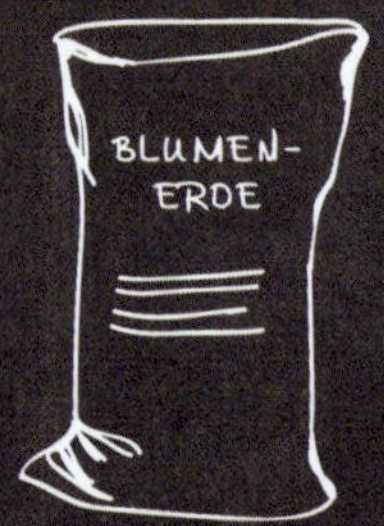

BEPFLANZTER KABELTROMMEL-TISCH

KREATIV UMFUNKTIONIERT

An dritter Stelle der Produkte, die sich großartig umfunktionieren lassen, steht die Kabeltrommel. Sie ist rund – also als Baumaterial nicht so gut geeignet wie Paletten oder große Holzkisten. Dafür hat sie den Vorteil, dass man sie ohne Maschinen- oder Fahrzeugkraft transportieren kann. Einfach an ihren Platz rollen, auf die Seite kippen und einen pfiffigen Tisch daraus bauen.

Als ich das erste Mal an einem Kabeltrommeltisch saß, kam er mir vor wie ein Stück Kunst. Die Trommel war so raffiniert gebaut! Wer sie entworfen hatte, dachte nicht nur an Kabel, sondern hatte auch Sinn für Ästhetik. Irgendwie hatte ich das ungute Gefühl, dass die Trommel wertvoller war als die Kabel, für die sie gebaut war.

Wie so viele schöne alte Dinge werden auch die Holzkabeltrommeln langsam durch Plastiktrommeln ersetzt. Holztrommeln sehen zwar toll aus, aber Plastik ist effizienter und billiger. Zum Glück sind die Holztrommeln so haltbar, dass noch relativ viele im Umlauf sind. Allerdings werden sie meistens von Leuten vertickt, die ihren Wert kennen.

Wer seine Hausaufgaben macht, findet Händler, bei denen es Trommeln in allen Größen und Farben gibt. Da findet jeder die Trommel seiner Träume – aber sie hat ihren Preis. Bevor du tief in die Tasche greifst, solltest du ein paar Kabelgroßhändler anrufen. Vielleicht ergatterst du eine, bevor die cleveren Händler sie abholen.

1

Organisiere dir eine schöne Kabeltrommel aus Holz. Für einen Tisch sollte sie – auf die Seite gelegt – eine Höhe von etwa 80–90 cm haben. Kleinere Trommeln taugen immerhin noch als Kindertisch.

2

Um nicht dauernd mit den Stuhlbeinen ans Unterteil zu stoßen, sägst du es mit der Handkreissäge ab. Zeichne auf der Seite, die als Unterteil dienen soll, ein Quadrat an.– Es muss so groß sein, dass die Trommel **STABIL** steht. Unser Unterteil ist 50 x 50 cm groß.

3

Manche Kabeltrommeln haben in der Mitte ein Loch. Unsere hatte keins, darum haben wir mit der Handkreissäge eine Öffnung ins Oberteil geschnitten.

»

4

In jeder ordentlichen Kabeltrommel lauern ein paar Splitter, die nur darauf warten, sich in deine zarte Haut zu bohren. Rück der Oberfläche mit dem Schwingschleifer auf den Pelz, dann wird sie glatt und sieht aus **WIE NEU**. Du kannst sie auch noch lackieren, damit Wind und Wetter ihr weniger anhaben können.

5

Fülle jetzt Steine, Tonscherben, Holzreste oder anderes Material in das Pflanzloch in der Mitte. Nur die oberen 30 cm füllst du mit gutem Pflanzsubstrat. Mehr Bodentiefe brauchen die Pflanzen nicht.

6

Nun kannst du Kräuter oder Gemüse pflanzen und großzügig angießen. Nimm am besten mehrjährige, **PFLEGELEICHTE** Arten.

Fehlen nur noch Sitzgelegenheiten und ein Kumpel zum Quatschen.

ÜBERBLICK

ZEIT

KNOW-HOW

KOSTEN

DU BRAUCHST DAFÜR …

- Kunststoff-Aufbewahrungsbox
- PVC-Rohr mit Kappe, 90 mm
- Bleistift
- Handsäge
- Akkuschrauber, Bits und Bohrer
- PVC-Knie, Durchmesser zur Rohr passend
- Bandmaß
- Silikon (Kartusche)
- PCV-Auslaufventil, 25 mm
- Blähton oder Schotter
- Geotextil-Vlies (oder Unkrautvlies)
- Schere
- Hochwertiges Bio-Pflanzsubstrat
- Lieblingspflanzen
- Wasser

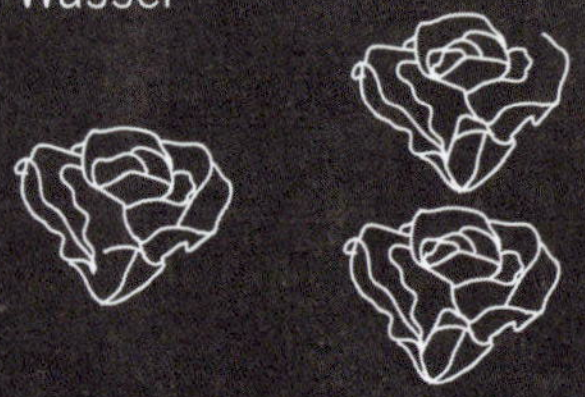

PFLANZBOX MIT AUTOMATISCHER BEWÄSSERUNG

UMZUGSTAUGLICHES MINI-BEET

Wir haben unser Haus gemietet. Das hat zwei wichtige Konsequenzen. Erstens muss ich meine Sammellust zähmen. Schließlich weiß ich aus Erfahrung, dass ich bei jedem Umzug meine Habe gründlich aussortieren muss. Das kann manchmal sogar richtig erleichternd sein, wenn man endlich den Badeanzug der Exfreundin wegwirft oder Kleidung für soziale Zwecke spendet. Trotzdem versuche ich, möglichst wenig aufzubewahren, um mir später Trennungsschmerz zu ersparen.

Außerdem müssen Mieter gut überlegen, wie viel Arbeit sie in das Haus investieren. Es ist prima, dass man Bilder aufhängen kann, oder Löcher in Wände bohren, die jemand anders gehören. Aber wer will vier Jahre Arbeit in den Garten stecken und beim Umzug alles zurücklassen?

Die Pflanzbox mit automatischer Bewässerung löst beide Probleme. Du entrümpelst dein Leben und vergrößerst dabei deine fruchtbare Scholle. Fertige Kästen mit Wasserreservoir sind teuer, mehrere kann man sich kaum leisten. Diese Box nimmt dir diese Sorgen ab und bietet trotzdem genug Platz für Kräuter oder größere Einjährige wie Tomaten oder Kürbis.

Wie der Name sagt, versorgt der Kasten seine grünen Bewohner automatisch. Das funktioniert nach dem Prinzip des Kapillareffekts, ähnlich wie beim Docht in einer Öllampe. Der Kasten hat unten ein Reservoir, das von oben gefüllt werden kann. Die Pflanzen können sich so viel Wasser holen, wie sie brauchen. Das ist wesentlich effizienter, als wenn man die Substratoberfläche begießt. Das Gute an der Box ist, dass man sie tragen kann und die Pflanzen nicht beim Umzug unwürdigen Nachfolgern hinterlassen muss. Ach ja, und wenn du wieder anfängst, Krimskrams zu horten, kannst du die Pflanzen auch rausschmeißen und die alten Chumbawumba-Vinyl-LPs in den Boxen verstauen.

1

Such dir im Schuppen (oder wo immer du Krimskrams stapelst) eine heile Aufbewahrungsbox.

2

Das PVC-Rohr muss, wenn du es auf den Boden der Box stellst, mindestens 50 mm über den Rand hinausstehen. Das Rohr dient als **EINFÜLLSTUTZEN** für das Wasser.

3

Schneide das Rohr mit der Handsäge auf Länge

4

BOHRE ringsherum Löcher in das Rohr, im unteren Bereich dichter als oben.

5

Stecke das Knie auf das Rohr.

6

Zeichne etwa 25 cm unter der Oberkante der Box mittig auf einer Seitenwand eine Markierung an.

7

Jetzt vorsichtig mit dem 28-mm-Flachfräsbohrer ein Loch in die Seitenwand bohren. Hier wird später das Auslaufventil eingesetzt.

Trage einen Streifen Silikon auf das 25-mm-Auslaufventil auf. Dann das Ventil in die Bohrung einsetzen – **GANZ VORSICHTIG**, damit die Box nicht bricht. Es kann eine Stunde dauern, bis das Silikon abgebunden hat. Gute Gelegenheit, eine Kleinigkeit zu essen.

8 »

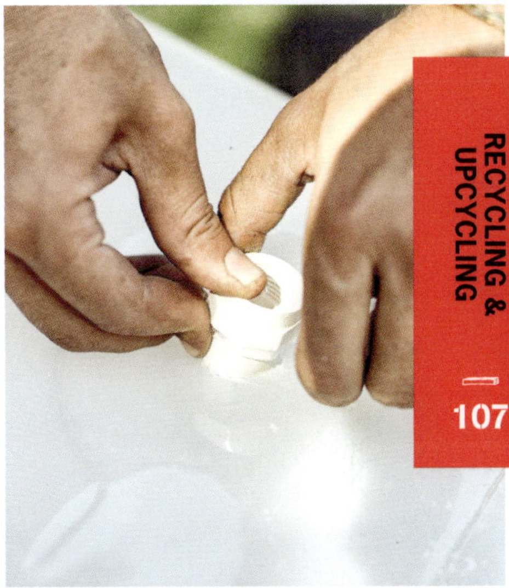

« 9

Den Einfüllstutzen in die Box setzen. Das Knie liegt unten, das Rohr zeigt senkrecht nach oben. Am besten setzt du den Stutzen in eine Ecke der Box, dann hast du es später beim Einfüllen leichter.

»

10

Jetzt bis an die Unterkante des Auslaufventils Blähton oder Schotter in die Box füllen. Vorsichtig, damit die Box dabei **NICHT BRICHT**. Ein kleines Leck genügt, und die Bewässerungstechnik funktioniert nicht mehr.

11

Das Geotextil-Vlies so zuschneiden, dass du den Blähton damit komplett und eher großzügig abdecken kannst. Das Vlies darf ruhig an den Rändern etwas hochstehen. Es lässt Wasser durch, aber kein Pflanzsubstrat.

12

Ganz wichtig ist, das Abflussventil mit dem Vlies zu bedecken, damit dort kein Substrat aus der Box entwischen kann.

13

Jetzt die Box bis knapp unter den Rand mit Pflanzsubstrat füllen. Leiste dir **GUTES SUBSTRAT**, das wie feines ägyptisches Leder duftet.

14

Ruf deinen **BESTEN KUMPEL**, damit er dir beim Pflanzen hilft.

15

Fülle durch das Rohr Wasser in die Box, bis es aus dem Ventil an der Seite wieder herausläuft. Danach brauchst du nur noch alle paar Tage nachzufüllen und kannst dich auf Wichtigeres konzentrieren – z. B. darauf, für ein eigenes Haus zu sparen.

ÜBERBLICK

ZEIT

KNOW-HOW

KOSTEN

DU BRAUCHST DAFÜR…

- 2 Fenster
- Schaber
- Schleifpapier
- Spachtelmasse für Holz
- Pinsel
- Lack oder Farbe für den Außenbereich
- Akkuschrauber und Bits oder Schraubendreher
- 1 Paar Türscharniere
- 8 Holzschrauben, 25 mm
- 2 Stücke dünne Kette, 300 mm lang (bei Bedarf)
- 2 Schrauben, 10 mm

GEWÄCHSHAUS AUS ALTEN FENSTERN

SO CHIC KANN SPERRMÜLL AUSSEHEN

Manche Materialien sind zum Wegschmeißen einfach zu schade. Bei meinem Vater, einem liebenswerten, aber hart gesottenen Sammler, galt das für alle Materialien. Immer, wenn ich Holzreste oder verrostetes Eisen aus dem Schuppen räumen wollte, erklärte er mir wortreich, dass man die verrotteten Bretter oder rostigen Türgriffe bestimmt noch einmal gebrauchen könnte. Übrigens war auch der fragliche Schuppen komplett aus gesammeltem Material gebaut. Er hatte zwar keine rechten Winkel und wurde anscheinend nur durch den Glauben zusammengehalten, aber er steht noch heute. Mein Dad glaubte wahrscheinlich, dass er nur genug Baumaterial horten müsste, dann würde es sich eines schönen Tages ganz von selbst zu einem neuen Schuppen aufstellen.

Seine Sammelleidenschaft habe ich zum Glück nicht geerbt, aber eine Schwäche für alte Fenster haben wir beide. Seit Energiesparen ein Thema ist, werden allenthalben einfach verglaste Fenster ausgebaut. Die meisten werden entsorgt, aber wir Gärtner sind Improvisationskünstler und können auch aus alten Fenstern etwas machen – zum Beispiel ein kleines Gewächshaus.

Das Mini-Gewächshaus ist praktisch, um junge Sämlinge früh in der Saison vor Frost zu schützen. Unter dem Glas kann es erstaunlich warm werden, darum hat das Gewächshaus seinen Zweck erfüllt, wenn das Wetter wärmer wird. Unser Modell zum Zusammenklappen wird dann bis zum nächsten Frühling platzsparend verstaut. Wie bei allen Recyclingprojekten sind etwas Sorgfalt und Ellenbogenschmalz nötig, aber das ist ein kleiner Einsatz für so einen praktischen Gartenhelfer, der auch noch gut aussieht.

‹ 1

BESORG dir zwei alte Fenster. Ideal sind zwei zusammengehörige Flügel, ansonsten nimm zwei gleich große Exemplare. Gut erhaltene Rahmen, am besten aus Hartholz, sind ein Bonus, aber kein Muss.

2

Mit dem Schaber entfernst du lose Farbreste vom Rahmen. Beseitige auch gleich größere Splitter.

‹ 3

Jetzt die restliche Farbe abschleifen, bis sich die Oberfläche schön glatt anfühlt. Vielleicht kommen dabei noch **WEITERE FARBSCHICHTEN** zum Vorschein. Tja, so ein Fenster kann Geschichte haben.

»

4

Nach dem Schleifen müssen alle schadhaften Stellen gespachtelt werden. Das ist wichtig, damit dort keine Feuchtigkeit ins Holz eindringen kann. So verlängerst du die Lebenserwartung des Gewächshauses deutlich.

Eine Schicht Klarlack schützt den Rahmen, ohne die **RUSTIKALE** Optik der abgeschliffenen Farbschichten zu verdecken. Du kannst den Rahmen natürlich auch mit einer deckenden Farbe streichen.

5

6

Lege die Rahmen nebeneinander auf eine ebene Fläche und schraube die Scharniere fest. Am besten bohrst du die Schraublöcher vor, damit das Holz nicht reißt.

7

Die Fenster sind durch die Scharniere verbunden, können aber bewegt werden. Stelle sie wie ein Spitzdach auf. Entscheide selbst, wie weit der Öffnungswinkel sein soll.

8

Die maximale Öffnung begrenzt du mit Ketten an beiden Seiten des Gewächshauses. Befestige sie auf der Höhe, auf der sie **KOMPLETT GESTRAFFT** sind, mit einigen 10 mm-Schrauben am Rahmenholz.

TOP 5

RRECYC-LING-HOCHBEETE

Das Hochbeet ist der heilige Gral der Garten-Infrastruktur. Tatsächlich hat es einige Vorteile. Du kannst es mit hochwertigem Substrat füllen und an den optimalen Standort stellen. Die Dränage ist gut und du brauchst dich beim Gärtnern nicht so tief zu bücken. Ein Hochbeet sieht obercool aus, und man kann alle möglichen Dinge zweckentfremden. Zum Beispiel diese.

1 SPÜLE

Alte Spülen sind leicht zu finden, und mit dem Abfluss ist die Dränage schon eingebaut. Die meisten Becken sind eher flach, eignen sich aber gut für Salat oder Kräuter. Außerdem gibt es Spülen in so vielen Varianten, dass jeder ein Modell nach seinem Geschmack finden kann. Nimm nicht irgendeine! Geh lieber mal in einer schickeren Wohngegend spazieren, wenn Sperrmüll abgeholt wird.

Wohin kommen alte Anhänger, wenn sie sterben? In den Gartenhimmel! Wenn du einen alten Anhänger ergattern kannst, greif zu, denn das Beetvolumen ist wirklich stattlich. Wir haben im Anhänger schon erfolgreich Erdbeeren angebaut. Sehr praktisch ist ein Anhänger auch für Kartoffeln, von denen man gern die eine oder anderem Boden vergisst. Zur Erntezeit wird der Anhänger einfach komplett ausgeleert. So erwischt man garantiert jede Knolle.

2 ANHÄNGER

3 KÜHLBOX

Ein richtig cooles Pflanzbehältnis ist eine alte Kühlbox – je größer, desto besser. Vielleicht habt ihr sogar Glück und findet ein Exemplar mit einer Innenverkleidung aus Aluminium und einem Ablauf für Tauwasser. Solche Boxen wurden früher in Ganztagsschulen verwendet. Wenn ihr eine normale Box umfunktionieren wollt, denkt unbedingt an Dränagelöcher. Die Isolierung ist ein echtes Plus. Sie reguliert die Temperatur des Substrats, schützt also die Pflanzen im Sommer vor zu starker Hitze und im Winter vor Frost. Wenn also bei nächster Gelegenheit jemand um eine Erfrischung bittet, greif einfach in die Kühlbox und gib ihm junges Gemüse.

Eigentlich sind diese großen Gusseisenbadewannen mit Löwenfüßen ja hinreißend. Aber da sie aus der Mode kommen, besiedeln sie allmählich die Gärten. Dabei sollte man das Vorhaben, so ein Schwergewicht in den eigenen Garten zu schaffen, nicht auf die leichte Schulter nehmen. Die Wannen sind so tief, dass man nahezu jedes Gemüse darin anpflanzen kann. Die Wurzeln haben reichlich Platz, sich auszubreiten. Pflanzt doch Kapuzinerkresse und Erdbeeren rings um den Rand. Wenn sie größer sind, sieht es aus, als würde buntes Wasser über den Wannenrand fließen. Ganz egal, ob das Naturkunst oder einfach pfiffiges Recycling ist. Es sieht toll aus.

4 BADEWANNE

5 SCHUBKARRE

Wenn eine Schubkarre nach einem harten Arbeitsleben den Geist aufgibt, darf sie noch eine zweite Chance bekommen. Als Pflanzgefäß kann sie sich noch viele Jahre nützlich machen. Allerdings müsst ihr dem guten Stück mit der Bohrmaschine auf den Leib rücken und ein paar Dränagelöcher in den Boden bohren, sonst verwandelt sich das improvisierte Hochbeet schnell in einen übel riechenden Sumpf. Wenn das erledigt ist, könnt ihr Substrat einfüllen und bepflanzen. Eine spontane Einladung zum Essen und kein Mitbringsel? Wie wäre es mit einer Schubkarre voll frischer Kräuter? Mama macht sich Sorgen, weil du immer noch solo bist? Zeig ihr, was für eine gute Partie du bist und stell ihr die Schubkarre vor!

PROJEKTLISTE

X-FACTOR

Glaubst du wirklich, du hast das Zeug zum Gartengenie? Sei dir nicht so sicher. Du meinst, dein Kompost stinkt nicht? Okay, ein paar Pluspunkte kannst du wohl sammeln. Ich habe deine Tomaten an den Stützen gesehen – sie tragen ja gar nicht so übel. Das ganze Viertel redet darüber, wie riesig deine Kürbisse sind. Na gut, aber das beeindruckt mich nicht. Im X-Factor-Garten geht es nicht nur darum, alles richtig zu machen. Es geht darum, Neues zu wagen.

Die Gemüsegartenszene wächst schneller als Radieschen mit Algenextrakt. Ständig kommen die Leute auf neue Ideen. Wir finden es mehr als spannend, dass sich gerade eine echte Nutzgartenkultur entwickelt ... man könnte sagen, wächst und gedeiht. Als wir unsere Firma 2008 gegründet haben, war es ein Nischenmarkt. Jetzt entstehen immer mehr Firmen mit ähnlichen Konzepten. Das bedeutet, dass wir gemeinsam wirklich etwas bewegen können. Im X-Factor-Garten rütteln wir an den Grenzen. Wir sind unkonventionell in dem, was wir anbauen, und wie wir es anbauen.

Unseren eigenen X-Factor haben wir zufällig entdeckt, als sich die Möglichkeit ergab, mitten in Melbourne Hopfen anzupflanzen. Bis dahin interessierten wir uns eigentlich nur für Tomaten. Als konventionelle Gärtner waren wir mit guten Bohnen und frischen Kräutern zufrieden, und das ist gar nicht schlimm. Der Hopfen und geeignete Klettervorrichtungen öffneten uns die Tür zu einer neuen Welt. Wir überlegten, was man noch vergrößern oder verkleinern könnte, um Gartenprobleme zu lösen. Wir legten los und bekamen dabei einen Blick dafür, was woanders auf der Welt geschieht.

Dies ist ein Kapitel für Tüftler, die immer auf der Suche nach neuen und besseren Lösungen sind. Unser Stadtgartenprojekt Pop up Patch war dafür der perfekte Nährboden, weil sich gute Ideen in der kleinen Gemeinschaft schnell herumsprachen. Ständig erfanden unsere Mitglieder neue Lösungen, wie sie mehr aus ihren Pflanzkisten herausholen können. So entstanden beispielsweise kreative und raffinierte Spaliere. Ein Mitglied versuchte sogar, mit Windenergie eine kleine Wasserpumpe zu betreiben.

Natürlich geht auch mal etwas schief, aber auch Fehler bringen uns ja ein Stück weiter. Wenn wir also hier einige unser X-Factor-Ideen vorstellen, wird garantiert der eine oder andere Leser sagen: »Cool, aber das kann ich besser!« Niemand hat die Lösung für alle Gartenprobleme der Welt, aber wenn wir uns austauschen, werden wir alle schlauer.

ÜBERBLICK

ZEIT

KNOW-HOW

KOSTEN

DU BRAUCHST DAFÜR...

- Togetherfarm Blocks
- Fantasie
- 50 Schrauben, 75 mm
- Akkuschrauber, Bits und Bohrer
- Bewässerungsschläuche, 4 mm (bei Bedarf, für automatische Bewässerung)
- Gutes Pflanzsubstrat
- Jungpflanzen

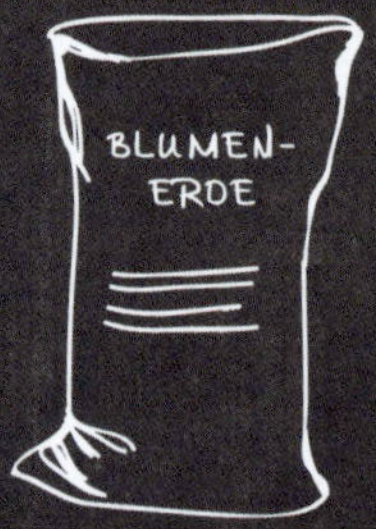

GÄRTNERN MIT BAUKLÖTZEN

ENDLICH DÜRFEN GROSSE JUNGS WIEDER SPIELEN

Das kreative Denken der Ingenieure unserer Zeit wurde zweifellos durch Lego geschult. Was könnte also den Gärtnergeist besser fördern als Beete, die aus Togetherfarm Blocks selbst konstruiert werden? Unternehmen wir also einen Ausflug in jüngere Jahre, in denen noch alles möglich war, und in denen der erwachsene, konservative Verstand der Kreativität keine Steine in den Weg gelegt hat.

Für uns ist der Nutzgarten das Abenteuer, sein Essen selbst anzubauen. Dadurch vertieft man nicht nur seine Beziehung zur Natur (oder findet sie wieder), sondern kann vielleicht auch andere anstecken, die noch nicht gärtnern. Und das wiederum ist gut gegen das Vorurteil, dass Gemüsegärtner einen Bart haben und beim Anblick von gutem Mulch Freudensprünge vollführen.

Dies ist eins von den Projekten, an denen ich als Kind Freude gehabt hätte – nur fehlte mir das nötige Material. Auch gut, dann habe ich eben als Erwachsener Freude. Wenn deine Lieben dich lassen, kannst du dich beim Bauen richtig austoben. Ich weiß, dass es allen Ex-Lego-Baumeistern in den Fingern kribbelt, etwas richtig Großes zu bauen.

Togetherfarm Blocks bestehen aus 100% recyceltem und recycelbarem, UV-beständigem Kunststoff. Das ist keine Schleichwerbung – sie haben nun mal eine gute Qualität und sind nachhaltig produziert. Bevor du für dieses Projekt einen langen Urlaub beantragst, solltest du wissen, dass man die Blocks nur übers Internet aus den USA bestellen kann. Sie kosten Geld und sie haben eine Lieferzeit – wer schlau ist, berücksichtigt das bei der Lebensplanung.

1

Bauwahn … Mat mit seinen Bauklötzen, kurz bevor das innere Kind die Regie übernimmt. Wenn ihr auf hartem Boden baut, denkt an eine **DRÄNAGE**, damit überschüssiges Wasser abfließen kann. Sonst läuft das Beet irgendwann über. Das ist nicht weiter schwierig, ich wollte es nur erwähnen.

2

Legt los! Müssen wir wirklich erklären, wie man Lego baut?

3

Ein Plus der Klötze ist, dass sie vorgebohrt sind. So kannst du dein Bauwerk zusammenschrauben – nur für den Fall, dass die großen Jungs kommen und es klauen oder umschmeißen wollen. Immer wenn eine Ebene fertig ist, drehst du ein paar Schrauben hinein. Dann kann auch beim Bauen nichts verrutschen.

»

4

Bewässerungsschläuche werden nicht ins Substrat oder auf die Klötze gelegt. Nein, viel besser! Die Klötze haben Löcher, in die 4mm-Bewässerungsschläuche passen. Am besten legt ihr die Schläuche gleich beim Bauen ein und nicht erst zum Schluss.

5

Wenn Zeit, Geld und Nörgler sagen, dass es nun genug ist, halte einen Moment inne und **BEWUNDERE DEIN BAUWERK**. Hole die Familie – die Kids lieber nicht – und lass dich feiern.

6

Gutes Substrat einfüllen, dann kann bepflanzt werden.

7

Pflanze verschiedene Kräuter und Gemüsesorten hinein. In deinen **WUNDERBAREN, BUNTEN** Bauklotzgarten sieht sogar Unkraut stylisch aus. Wir mögen aber lieber Sorten, die gut schmecken.

WOCHEN-ENDE

ÜBERBLICK

ZEIT

KNOW-HOW

KOSTEN

DU BRAUCHST DAFÜR…

- Zeitungspapier oder Plane
- 3 Installationsrohre, je 4 m lang, 20 mm Durchmesser
- Sprühfarbe
- Große Holzkiste
- 12 Rohrschellen, 25 mm
- Akkuschrauber, Bits und Bohrer
- 40 Holzschrauben, 25 mm lang
- Vogelschutznetz
- Stabile, transparente Baufolie, 1,85 x 2,50 m
- Hefter und Heftklammern
- 2 Rundhölzer mittlerer Stärke, 1,20 m lang
- Tacker und Klammern
- Schnur
- Schattierplane, 1,85 m x 2,50 m

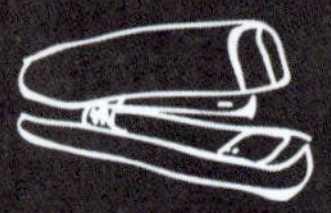

TOLLER TUNNEL

DAS SCHWEIZER ARMEEMESSER DES GEMÜSEGARTENS

Das Konzept der Verwandlung fasziniert mich, sicher geht es nicht nur mir so. Wir alle mögen Dinge, die nicht sind, was sie zu sein scheinen. Oder soll ich sagen, mehr als sie zu sein scheinen? Wie die Transformers, mit denen wir als Jungs spielten.

Jeder Superheld hat eine geheime Identität. Das liegt wohl daran, dass die Welt ihr wahres Wesen nur in kleinen Portionen verdauen kann. Der größte ist sowieso James Bond: ein ganz normaler Kerl mit massenhaft coolen Gadgets. Wie mein Schulfreund Kenny. Er hatte eine Armbanduhr mit eingebautem Taschenrechner. Da machte Mathe auf einmal richtig Spaß.

Die Forschungsabteilung von Little Veggie Patch Co hat zwar ein kleineres Budget als der MI6 oder Wayne Enterprises, dafür haben wir beim Umfunktionieren ausgedienter Materialien die Nase vorn. Fast alles, was die Leute wegwerfen, hat eine zweite Chance verdient. Wie die Apfelkiste. Eigentlich ist sie nur zur Aufbewahrung da, aber wir haben daraus Hochbeete, Hühnerställe, Sandkisten und Spielhäuser gebaut. Aus Baustahlmatten, die eigentlich für Betonarbeiten verwendet werden, bauen wir Rankhilfen. Und bei Installationsrohren waren wir Feuer und Flamme.

Installationsrohre werden zum Verlegen von Kabeln benutzt. Sie sind stabil, aber flexibel. Wie praktisch sie sind, haben wir herausgefunden, als wir unsere Kistenbeete mit Netzen schützen wollten. Alles, was wir vorher ausprobiert hatten, war unpraktisch oder umständlich. Entweder musste man Gestelle aus tausend Teilen zusammenstecken, oder die Netze verhedderten sich beim kleinsten Windstoß. Und dann kam der Installationsrohr-Tunnel. Wie alle guten Gartenutensilien ist er einfach, robust und preiswert. Und wie James Bonds coole Requisiten kann er sich in ein Gewächshaus verwandeln.

1

Breitet eine Plane oder Zeitungspapier auf dem Boden aus, damit der Rasen grün bleibt.

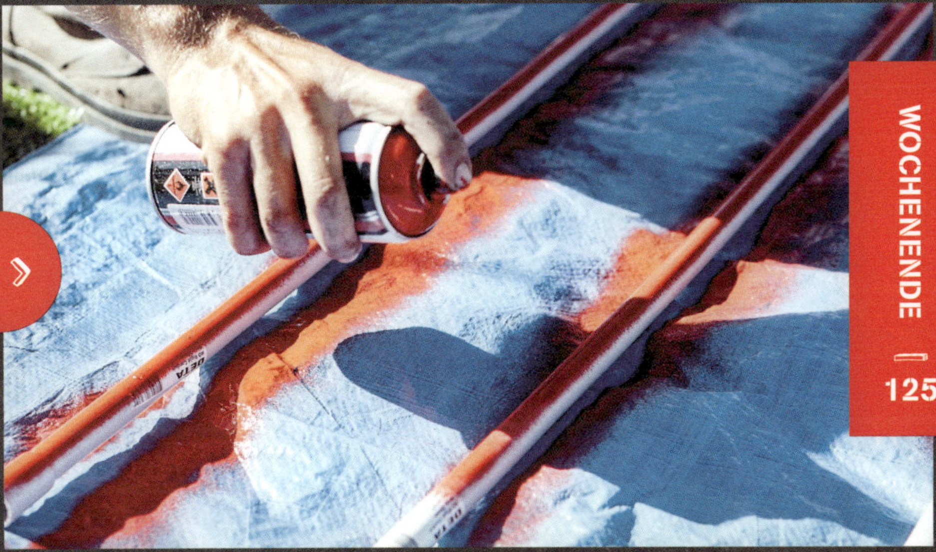

2

Installationsrohre aus PVC sind grau. Sie sehen eher nach Baustelle aus als nach einem friedlichen Garten. Also lege sie auf die Zeitung oder Plane und sprühe sie mit zwei Schichten deiner Lieblingsfarbe ein.

3

Während die Farbe trocknet, schraubt die Rohrschellen an zwei gegenüberliegende Seiten der Kiste: Eine an jeder Ecke und eine in der Mitte. Weiter unten eine zweite Reihe Schellen festschrauben.

»

4

Zwei Rohrschellen – eine oben, eine unten – verhindern, dass das Installationsrohr wackelt.

5

Das Installationsrohr in beide Schellen stecken und zur anderen Seite der Kiste biegen.

6

Das Rohr auch dort in die beiden Schellen schieben. Mit den beiden anderen Rohren wiederholen, und fertig ist das Gestell für den Tunnel.

‹ 7

Drehe in die Außenwand der Kiste einige Holzschrauben (25 mm), aber lass sie etwas vorstehen. Daran wird das Netz befestigt.

8

Und jetzt das Netz über das Gestell werfen, um auszuprobieren, wie es passt.

»

9

Das Netz schön **STRAMM ZIEHEN**. Das geht am besten zu zweit. Hakt die Maschen einfach über die Schrauben.

10

Jetzt wird das **GEWÄCHSHAUS** gebaut. Schneidet dafür einen Streifen aus stabiler Baufolie zu. Unserer ist 1,20 x 2 m groß. Eurer muss so lang sein wie die Kiste und so breit, dass er über das Bogengestell von einer Seite zur anderen reicht.

11

Faltet eine Längskante der Folie um und »näht« diesen Saum mit Heftklammern fest. Nicht mit Klammern geizen!

12 Schiebt ein Rundholz in den Saum an der Baufolie. Er **BESCHWERT** die Folie und sorgt dafür, dass sie nicht wegweht.

13 Die andere Kante der Folie (ohne Rundholz) auf halber Höhe an die Kistenwand tackern.

14 Los geht's: Die Folie abrollen und über die Bögen aus Installationsrohr legen. Das Rundholz gibt der ganzen Sache Halt.

»

15

Wenn die Folie nicht benutzt wird, rollt sie einfach auf und bindet sie mit Schnur an den Bögen fest.

16

Mit der Schattierplane geht ihr genauso vor wie mit der durchsichtigen Folie: auf Maß schneiden, einen Saum umheften und ein 1,20 m langes Rundholz hineinschieben. Dann wird die Seite ohne Rundholz an der freien Seite der Kiste festgetackert. Danach kann die Schattierplane über die Bögen gelegt oder aufgerollt und festgebunden werden.

Na bitte! Klopft euch gegenseitig auf die Schulter. Die Konstruktion ist super-**VIELSEITIG**: warm in den kalten Monaten und kühl bei Hitze.
MONTAGUE
FRESH

ÜBERBLICK

ZEIT

KNOW-HOW

KOSTEN

DU BRAUCHST DAFÜR…

- Mut
- Blumentopf, glasiert
- Malerkrepp
- Grundierung und Lackfarbe zum Sprühen
- Retro-Blumenständer aus Metall

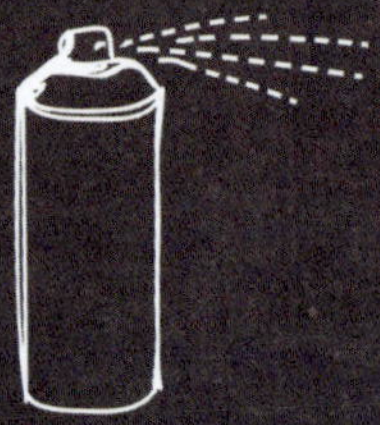

TRENDIGER TOPF

GENIAL AUFGEHÜBSCHT

Wir haben keine Angst, Trends mitzumachen oder abzulehnen. Im Lauf der Jahre haben wir uns auch einige Modesünden zuschulden kommen lassen. Nachher ist man immer schlauer. Das gilt für viele Dinge im Leben, aber ganz besonders für Moden.

Nach unserer Erfahrung dauert es etwa 20 Jahre, bis man die Peinlichkeiten früherer Zeiten verwunden hat. Kurz nach der Jahrtausendwende erlebten die 1980er eine Renaissance, und jetzt sind die 1990er dran. Ich habe mehr als zwei Jahrzehnte warten müssen, um noch einmal die Frisur zu tragen, die ich mit 14 hatte. In ein paar Jahren werde ich meine Rollerblades putzen.

Natürlich besteht unser Lebenszweck nicht nur darin, alte Moden zu recyceln und Peinlichkeiten zu überwinden. Es gibt irgendwo da draußen immer noch ein paar Leute, die riskieren, sich zum Gespött zu machen, weil sie es wagen, mutige Entscheidungen zu fällen. Und diese Visionäre präsentieren uns wieder neue Moden, die wir mitmachen können oder auch nicht.

Man möchte meinen, dass zwischen Gärtnerei und Mode Welten liegen, aber eigentlich sind es Parallelwelten. Beim Gärtnern (nicht nur beim Nutzgärtnern) geht es doch darum, sich bei dem, was man tut, gut zu fühlen. Und gut dabei auszusehen. Sonst hält man ja nicht durch. Also, egal was die Nörgler und Miesepeter behaupten: So ein bunt bemalter Blumentopf wird die Zeiten überdauern. Und wir werden 20 Jahre warten, um das zu beweisen.

1

Zuerst darf der Stylist in dir entscheiden, welche Farben zusammenpassen. Das ist anders als beim Anziehen, wenn du ein paar Klamotten überstreifst und verblüfft feststellst, dass sie gut aussehen. Farbe ist etwas Dauerhaftes, ein echtes **STATEMENT**. Deine Freunde werden den Topf jedes Mal sehen, wenn sie vorbeikommen.

2

Überleg dir ein Muster und klebe es ab. Zum Beispiel einen Streifen und ein Zickzack. Oder was du willst.

3

Bloss nicht zu klein! Lass dein Design atmen! In der **MODE** ist momentan Geradlinigkeit angesagt, also klebe entschlossen drauflos.

4

Begutachte dein werdendes Kunstwerk und klebe alles ab, was nicht angesprüht werden soll.

5

Die Grundierung muss sein. Sie ist sozusagen die Bühne für den eigentlichen Star der Show.

6 >

Lass die Grundierung 15–20 Minuten trocknen. Dann kannst du den Topf farbig ansprühen. Wieder 15–20 Minuten trocknen lassen und noch ein zweites Mal mit Farbe besprühen.

< 7

Wenn die Farbe trocken ist, zieh vorsichtig das Malerkrepp ab und enthülle dein **MEISTERWERK**.

8

Besorge dir einen obercoolen **METALLSTÄNDER** und gib dem Topf einen Ehrenplatz, vielleicht in einem hellen Flur. Dann kannst du ihn bepflanzen – am besten mit robusten Kräutern.

ÜBERBLICK

ZEIT

KNOW-HOW

KOSTEN

DU BRAUCHST DAFÜR …

- Hopfenrhizome
- Große Apfelkiste
- Baufolie, lebensmittelecht
- Tacker und Klammern
- Schreinerwinkel und Stift
- Stichsäge oder Handkreissäge
- 1 Holzpfahl, 10 x 10 cm, 3,60 m hoch
- Setzungsplatten oder alte Plastikblumentöpfe und Styroporkisten
- Unkrautvlies
- 1 Brett, 90 x 45 mm, 3,60 m lang
- 10 Terrassenschrauben, 70 mm
- Akkuschrauber, Bits und Bohrer
- 8 Ringschrauben
- 2 Seile, je 10 m lang
- Wasserwaage
- 10 Beutel (à 30 l) hochwertiges Pflanzsubstrat
- 50 m raue Schnur
- Leiter

HOPFENTURM

ES WERDE BIER!

Im Lauf der Jahre haben wir unser Gartenrepertoire erweitert und Pflanzen angebaut, die nicht unbedingt im Kochtopf landen. Das waren nicht etwa ungenießbare Gewächse, sondern Zutaten für Bier und andere erlesene Zubereitungen. Als uns die Brauerei Little Creatures bat, Hopfen anzupflanzen, war das nicht nur ein Schritt auf neues Terrain, sondern auch ein glorreicher Moment für unsere Firma.

Es ist schon seltsam mit den Menschen. Wird man gebeten, etwas zu tun, und wird im gleichen Atemzug (oder im nächsten) das Wort »Bier« erwähnt, sagt man normalerweise ja. Als also die Anfrage in Sachen Hopfen an uns herangetragen wurde, haben wir zugestimmt, ohne groß darüber nachzudenken. Dann mussten wir erst einmal herausfinden, wie Hopfen wächst.

Wir wissen jetzt, dass Hopfen mit nichts zu vergleichen ist, das wir je angepflanzt hatten. Hopfen wächst senkrecht, und zwar ausschließlich. Nicht waagerecht, nicht zur Erde, sondern senkrecht – aufwärts, aufwärts, aufwärts. Will man ihm eine andere Richtung aufzwingen, stellt er das Wachstum ein und wartet, dass du die Sache in Ordnung bringst. Wenn du es nicht tust, wird er welk und braun.

Wir waren noch nie einer Pflanze begegnet, die sich vor der Erde fürchtet – aber genau das scheint beim Hopfen der Fall zu sein. Wer ihn anpflanzen will, braucht also eine Art Turm, um seiner Kletterlust gerecht zu werden.

Hopfentriebe können pro Tag bis zu 30 cm wachsen. Das ist ganz schön eindrucksvoll und lässt ahnen, wie hoch der Turm sein muss. Noch eins. Hast du jemals eine Pflanze wachsen hören? Angeblich soll man hören können, wenn der Hopfen jammert, weil er Wachstumsschmerzen hat.

1

Hopfen bildet Rhizome und legt im Winter eine Ruhezeit ein. Wer Hopfen anpflanzen will, braucht zuerst einmal Rhizome, die man am besten im zeitigen Frühjahr kauft. Am besten geht ihr im Internet auf die Suche. Es gibt verschiedene Händler, die Sorten wie **HALLERTAUER**, **OPAL** oder **CASCADE** anbieten..

2

Die Wände der Apfelkiste müssen mit lebensmittelechter Baufolie ausgekleidet werden.

3

Genau in der Mitte des Kistenbodens ein Quadrat von 10 x10 cm anzeichnen. Dort wird der senkrechte Pfosten verankert.

»

4

Dieses Quadrat mit einer Stichsäge oder Handkreissäge ausschneiden. Das ist etwas knifflig.

Weil die Kiste eine Menge Substrat fasst, baut ihr am besten einen falschen Boden ein, damit sie nicht zu schwer wird. Das geht ganz einfach mit Setzungsplatten, die im Baugewerbe benutzt werden. Eine Höhe von 15–30 cm reicht aus. Die Platte auf den Kistenboden legen. Passt perfekt? So soll es sein!

5 ›

‹ 6

Es geht auch ohne Setzungsplatten. Ihr könnt einfach alte Plastikblumentöpfe kopfüber auf den Boden der Apfelkiste stellen und darüber zur Verstärkung Styroporkisten stülpen. Dadurch wird das Substratniveau angehoben. Also zuerst die Töpfe in die Kiste stellen, dann Styroporkisten darauf, damit der falsche Boden einigermaßen glatt und gerade wird.

‹ 7

Genau über dem Loch im Kistenboden in die Setzungsplatte (oder Styroporkiste) wieder ein Loch schneiden.

8

Unkrautvlies auf dem falschen Boden ausbreiten. Es verhindert, dass Erde durchrieselt, lässt aber Wasser ablaufen.

‹ 9

Das Loch im Kistenboden muss frei bleiben. Jaaa, schon wieder dieses Loch. Das hat gute Gründe.

»

< 10

Aus dem Brettern (90 x 45 mm) drei Stücke von je 1,20 m Länge zuschneiden. Nachmessen schadet nicht. Zwei davon bilden das Kreuz.

11 >

Eins der 1,20 m langen Bretter mittig mit einer Terrassenschraube auf das Ende des Pfostens schrauben. Messt die Mitte aus, denn dieses Brett ist der erste Teil des Kreuzes, zu dem der Hopfen hochklettern soll.

12

Jetzt das zweite 1,20 m lange Brett im rechten Winkel auf das erste schrauben. Fertig ist das Kreuz.

< 13

Dreht die Ringschrauben auf der Unterseite in die Enden des Kreuzes. Das geht leichter, wenn ihr zuerst Löcher vorbohrt. Der Lochdurchmesser muss etwas kleiner sein als der Schraubendurchmesser.

14

HAU RUCK! Drei Leute sind nötig, um den Turm aufzustellen. Fühlt ihr euch wie im Mittelalter? Bestens, lebt es ruhig aus! Bindet zwei lange Seile ans Kreuz und krempelt die **ÄRMEL HOCH**. Setzt das untere Ende des Pfostens in das 10 x 10 cm große Loch im Kistenboden, mit dem ihr euch so viel Mühe gegeben habt.

>>

15

Wenn der Pfahl ganz ins Loch gerutscht ist, setzt er auf dem Boden auf. Das ist gut zu hören: Klonk! Jetzt müssen zwei Helfer den Pfahl halten, während der dritte Baumeister ihn mit der Wasserwaage senkrecht ausrichtet. Und dann muss der Turm wegen seiner stattlichen Höhe stabilisiert werden.

16

Dafür wird das letzte 1,20 m lange Stück von dem Brett (90 x 45 mm) verwendet. Es sollte genau in die Kiste passen, muss aber **BEFESTIGT** werden. Schraubt es auf beiden Seiten mit Terrassenschrauben (70 mm) von außen durch die Kistenwand fest.

17

Jetzt wird der Pfahl am Brett festgeschraubt. Dafür nehmt ihr wieder zwei Terrassenschrauben. Und schon sitzt der Pfahl bombenfest.

18

Füllt ein hochwertiges Pflanzsubstrat in die Kiste.

« 19

Schraubt dicht über dem Substrat vier Ringschrauben in die Seiten des Pfostens. Weitere vier mittig in die Oberkanten der Kiste schrauben.

»

20

Die raue Schnur an einer Ringschraube am Grund des Pfostens festknoten, durch eine Ringschraube am Kreuz fädeln und wieder abwärts zur Ringschraube an der Kistenwand führen. Dort gut festknoten und abschneiden. Ohne eine **STANDFESTE LEITER** klappt das nicht.

‹ 21

Bringt an allen vier Seiten Schnüre an. Das ist der Kletterparcours für den Hopfen. Ernsthafte Hopfenanbauer versuchen zur **ERNTEZEIT** nicht, die langen Triebe zu entwirren. Sie klettern auch nicht auf Leitern, sondern schneiden die Pflanzen ab und breiten sie zum Ernten auf dem sicheren Boden aus.

22

Die Hopfenrhizome müssen vollständig ins Substrat eingegraben werden. Die Treibspitzen, aus denen später neue Ranken entstehen, zeigen nach oben. Wenn das Wetter wärmer wird, erwachen die Rhizome aus der Winterruhe und bilden grüne Triebe. Im mittleren Frühling **WÄCHST** der Hopfen kräftig, und im Spätsommer oder Frühherbst kann geerntet werden.

ÜBERBLICK

ZEIT

KNOW-HOW

KOSTEN

DU BRAUCHST DAFÜR …

- Etwas Geschick und einen Helfer
- 4 Hartholzlatten, je 1,80 m lang
- Bandmaß
- Schreinerwinkel
- Stift
- 12 Zaunwinkel
- Akkuschrauber, Bits und Bohrer
- 12 Holzschrauben, 20 mm
- Wasserwaage
- 8 Holzschrauben, 40 mm
- 1 Baustahlmatte, 6 m x 2,40 m (es bleiben Reste übrig)
- Bolzenschneider oder Winkelschleifer
- Kabelbinder

DIE ULTIMATIVE TOMATENSTÜTZE

TOMATO CITY

Ernsthafte Tomatenanbauer sind ernsthafte Leute – vor allem, wenn es um den Tomatenanbau geht. Die Stützen für ihre Pflanzen sind ein geheimnisumwittertes Thema. So einer Subkultur anzugehören ist eine Gratwanderung. Einerseits wünscht man sich die Anerkennung für seine genialen Erfindungen, andererseits muss man doch das Ethos des Geheimbunds wahren, dem man angehört.

Seit aber der Tomatenanbau zunehmend aus der Subkultur ans Licht tritt, werden auch die verschiedenen Stützkonstruktionen stärker wahrgenommen und die Gärtner wetteifern darum, wer die genialste Lösung erfindet und baut. Wir finden es nicht bedrohlich, dass der Tomatenanbau zur Volkskultur wird. Im Gegenteil, darin steckt die Möglichkeit, dass sich gute Ideen herumsprechen. Dazu können wir beitragen.

Für einen ernsthaften Tomatenanbauer genügt eine bescheidene Stütze für eine Pflanze nicht. Wer vom Tomatenvirus infiziert ist, beschränkt sich nicht auf eine Pflanze pro Saison, also muss die ultimative Stütze Platz für mehrere bieten. Außerdem muss die Konstruktion so stabil sein, dass sie jahrelang gute Dienste tut. Die ultimative Tomatenstütze ist treu.

Wir haben immer gern mit Stäben und Schnur hantiert, aber jetzt gehen wir richtig zur Sache. Beim Ernten der vielen Tomaten zwischen dem dichten Blattwerk will sich niemand Splitter in die Hände reißen. Darum fahren wir schweres Geschütz auf. Wir setzen auf ein Material, auf das italienische Tomatenbauern schon lange schwören: Baustahlmatten.

1

Zugegeben, ich war nicht ganz ehrlich. In die Konstruktion werden vier lange Holzlatten eingebaut, an denen man sich den einen oder anderen Splitter holen kann. Die Latten tragen die Stützgitter. An jeder Latte werden drei Zaunwinkel festgeschraubt. Zeichnet darum zuerst in 60 und 120 cm Abstand zum oberen Ende Markierungen an.

2

An jeder Markierung mit einer 20 mm-Holzschraube einen Winkel festschrauben – also einen Winkel ganz oben, einen 60 cm von oben und einen 120 cm von oben.

3

An den anderen drei Latten wiederholen. Dann halt die Pinzette und rücke den Splittern zu Leibe.

‹ 4

Die vier Latten werden senkrecht in den Ecken der Kiste festgeschraubt. Die Zaunwinkel zeigen nach außen und liegen auf jeder »Etage« genau auf gleicher Höhe. Mit der Wasserwaage klappt das!

Kontrolliert vor dem Festschrauben der Latten noch einmal, ob alles gerade ist. Wir haben die Latten 30 cm tief ins Substrat gesteckt und dann mit zwei 40 mm-Holzschrauben an die Kistenwand geschraubt.

5 ›

‹ 6

So, die Latten stehen. Damit ist schon ein Teil geschafft. Jetzt kommen die schwereren **MASCHINEN** zum Einsatz.

7

Schneidet mit einem kräftigen Bolzenschneider oder einem Winkelschleifer aus der Baustahlmatte drei Quadrate von 1,20 x 1,20 m (oder so groß wie eure Kiste). Unsere Matte hatte eine Gittergröße von 20 x 20 cm, also mussten wir ein Stück mit 6 x 6 Gitterfeldern zuschneiden.

8

Von den drei zugeschnittenen Teilen müssen zwei noch modifiziert werden. Aus einem werden so viele Gitterstäbe herausgetrennt, dass nur ein Rahmen mit einem Kreuz in der Mitte übrig bleibt, also 2 x 2 Felder.

9

Beim zweiten ist etwas weniger zu schneiden. Trennt so viele Stäbe heraus, dass ein Giter von 3 x 3 Feldern übrig bleibt. Das dritte Stück der Baustahlmatte bleibt, wie es ist.

< 10

An Enden, die von den abgetrennten Gitterstäben übrig sind, kann man sich übel verletzen. Entgratet sie lieber mit dem Winkelschleifer.

11

Hebt das Gitter mit den größten Feldern über die vier Holzstützen und legt ihn auf die unteren Zaunwinkel.

12

Jetzt muss das Gitter befestigt werden. Ja, wir können mit einem Schweißgerät umgehen. Wir wollen die Stützkonstruktion aber zerlegen und verstauen, wenn die Saison vorüber ist. Darum befestigen wir das Gitter mit Kabelbindern an den Winkeln.

13

Die zweite Gitteretage mit 3 x 3 Feldern befestigen. Sie wird den Großteil der Tomaten tragen.

Zum Schluss montiert ihr das engste Gitter an den oberen Zaunwinkeln. Für die vorwitzigen Tomaten an den Spitzen.

14 ›

‹ 15

Im Frühling wird gepflanzt. Die Stütze gibt vier Tomatenpflanzen Halt, die mittig unter die vier Felder des unteren Gitters gesetzt werden. Für den Anfang braucht jede einen Stab, aber wenn sie die erste Gitteretage erreicht hat, ist er überflüssig.

Eine ernstzunehmende Stütze für ernstzunehmende Tomaten.

TOP 5

UNFASSBAR PFIFFIG UMFUNKTIONIERT

Das Gärtnern klappt jetzt ohne Stützräder und ihr wollt mit den großen Kindern spielen? So ein Nutzgarten macht süchtig. Schon klar, dass man nicht aufhören kann und immer mehr will.

Hier zeigen wir eins von unseren Lieblingsprojekten, die Brauerei Little Creatures in Geelong, und unsere fünf Lieblingsideen.

1 BETON-MISCHER ALS KÜBEL

Dieses Stück steht in der Nähe des Eingangs und ist eine nette Überraschung, wenn man um die Ecke kommt. Seine Entstehung hat damit zu tun, dass mein Dad früher in einem Zementwerk gearbeitet hat. Eines Tages beglückte er uns mit einem alten Betonmischer, den er auf einem Industriefriedhof gefunden hatte. Wir ließen ihn köpfen wie ein Frühstücksei. Als die alte Farbe mit einem Sandstrahler entfernt war, kam rohes Metall zum Vorschein, das schnell rostete. Standfest wurde er durch eine Bodenplatte. Die Bepflanzung war eine Herausforderung. Der stattliche Olivenbaum, der darin wächst, ist ein Bruder des Exemplars auf dem ursprünglichen Gelände der Little Creatures Brewery in Fremantle. Uns gefällt diese Verwandtschaft. Außerdem bin ich dort aufgewachsen, und mein Dad hat dort bei Cockburn (ausgesprochen „Coburn“) Cement gearbeitet.

In der Nähe der Brauerei entdeckten wir einen zauberhaften Trödler, der jede Menge rostiger, alter Lochkästen auf Lager hatte – ursprünglich von Rosinen. Nach kurzer Verhandlung ergatterten wir 50 Stück zu einem Schnäppchenpreis. Dachten wir jedenfalls, bis wir ein paar Wochen später noch einmal 50 Stück für die Hälfte fanden. Die Kästen sind wie gemacht für einen Wandgarten. Die kleinen Löcher sorgen für gute Dränage und man kann Haken zur Befestigung einhängen. Die höchsten Kästen mussten wir mit einem Hublifter aufhängen. Das kostete Nerven, aber echte Kerle scheuen ja keine Herausforderung.

2 WAND-GARTEN MIT LOCHKISTEN

3 EISENROHRE

Vielleicht liegt es an unserem Faible für alles Rostige oder daran, dass wir körperliche Herausforderungen lieben – jedenfalls wollten wir diese Rohre unbedingt senkrecht stellen. Nun bestehen sie aber aus dickem Eisen und sind richtig schwer. Ernsthaft richtig schwer. Es war schon befriedigend, sie an ihren Platz zu rollen. Das Aufstellen war dann die Königsdisziplin. Als sie standen, wurde uns klar, dass sie – sollten sie einmal umkippen – jemanden erschlagen könnten. Statt russisches Roulette zu spielen, ließen wir also Laschen aus Metall anschweißen, um sie fest im Boden zu verankern.

4 ABLUFTROHR

Wir durften uns auch die alten Schätze ansehen, die auf dem Gelände mit jahrhundertealter Geschichte herumlagen: Sperrmüll von bester Qualität! Es gibt nichts Besseres als einen Sperrmüllstreifzug, der nichts kostet. Am meisten Freude hatten wir, wenn wir sahen, was unsere Beute bei Trödlern und Schrotthändlern gekostet hätte. Zu den interessantesten Fundstücken zählten diese alten Abluftrohre, die wir an die Backsteinmauern aus dem 19. Jahrhundert geschraubt und bepflanzt haben.

5 BLUMENBEETE IN TRINKBRUNNEN

Zuletzt ein Stück, das nicht alt und rostig ist: ein Trinkbrunnen mit Produktionsfehlern. Little Creatures fragte an, ob wir dafür Verwendung als Wasserstation hätten, und während wir überlegten, kamen wir auf die Idee, einige als kleine Blumenbeete zu benutzen. Sie bestehen zwar aus durablem Edelstahl, aber weil sie nun einmal schiefe Schweißnähte oder andere Schönheitsfehler haben, werden sie den Qualitätsanforderungen für Trinkbrunnen in Schulen nicht gerecht. Die Kräuter und Blumen, die wir eingepflanzt haben, stören sich nicht an solchen Kleinigkeiten. Praktisch fanden wir, dass das gesamte Montagematerial gleich mitgeliefert wurde.

PROJEKTLISTE

WOCHENENDE

TOP 5

VERTIKALE
GÄRTEN

Nicht die Größe zählt, sondern was man aus ihr macht. Auf vertikale Gärten trifft das definitiv zu. Da große Grundstücke nicht bezahlbar sind, müssen wir aus dem, was wir haben, das Maximum herausholen. Manchmal hat man nur die Möglichkeit, Pflanzen an der Wand zu ziehen oder in Kisten über eine Brüstung zu hängen – Hauptsache der Sonne entgegen.

In dem Maße, wie unser Lebensraum kompakter wird, wächst die Beliebtheit vertikaler Gärten. Vertikale Gärten sind nicht mehr nur eine Form der Freistil-Gärtnerei, sondern oft eine Notwendigkeit. Natürlich soll so ein senkrechter Garten auch gut aussehen und eine leere Mauer oder Betonwand verdecken. Aber für viele Leute ist er einfach eine praktische Methode, um Essbares anzupflanzen.

Eins der ersten Themen, die bei unseren Workshops angesprochen werden, ist die Himmelsrichtung, in die der Nutzgarten zeigt. In klugen Büchern steht, dass es idealerweise auf der nördlichen Erdhalbkugel nach Süden (und auf der südlichen Halbkugel nach Norden) zeigen sollte. Aber was, wenn zwischen Beet und Sonne ein dreistöckiges Haus steht? Und was, wenn das Gebäude sogar noch höher ist? Mit dem Wachstum unserer Städte mussten sich alte Gartenregeln wandeln. Und wir müssen uns etwas strecken, wenn wir unsere Gemüsebeete an den Wänden anlegen, damit sie Sonne bekommen. Mitten in einer Großstadt spielt die Himmelsrichtung kaum eine Rolle. Dort hilft nur eins: kreative Lösungen zu finden und die Wände hochzugehen.

Ob sich eine Wand für den Gemüseanbau eignet, ist leicht herauszufinden. Schnappt euch Gartenstuhl und eine Kanne Kaffee, und beobachtet den Lauf der Sonne auf der Wand, die ihr im Auge habt. Wenn sie im Winter Sonne bekommt, wird sie wahrscheinlich auch im Sommer Sonne bekommen, und zwar mehr. Für die Planung musst du wissen, wie viel Gewicht die Wand trägt, und für den Bau eines vertikalen Gartens brauchst du etwas Handwerksgeschick.

Fragt nicht Google nach »Tragfähigkeit einer Wand«! Fragt lieber einen Fachmann, der solche Dinge wirklich ernst nimmt. Bei aller Lust auf den neuen Nutzgarten muss die Sicherheit im Vordergrund stehen.

In diesem Kapitel zeigen wir fünf einfache Projekte zum Nachbauen. Ihr habt also die Wahl, wie ihr die Gemüsewand gestalten und euren Platz clever ausnutzen wollt.

ÜBERBLICK

ZEIT

KNOW-HOW

KOSTEN

DU BRAUCHST DAFÜR ...

- Bandmaß
- Bleistift oder Filzer
- 1 Brett, 70 x 19 mm, 2,40 m lang
- Handsäge
- Wasserwaage
- 4 Terrassenschrauben, 50 mm
- Akkuschrauber, Bits und Bohrer
- Wandgarten-Module
- 12 Holzschrauben, 25 mm
- Hochwertiges Pflanzsubstrat
- Jungpflanzen
- Wasser

Achtung: Flach wurzelnde Pflanzen gedeihen in den Modulen am besten.

WANDGARTEN MIT MODULEN

HOCH HINAUS

Wir sind seit jeher der Meinung, dass eine sonnige Wand nur darauf wartet, ein Wandgarten zu werden. Ob Holz, Ziegel, Beton oder Metall – fast jede Wand kann mit essbaren Pflanzen begrünt werden. Eine grüne Wand sieht besser aus als eine kahle, und sogar an den unwahrscheinlichsten Plätzen lässt sich Essbares kultivieren. Wer in einer Großstadt wohnt, hat möglicherweise gar keine andere Wahl.

In den letzten Jahren sind verschiedene Modulsysteme auf den Markt gekommen, mit denen auch mittelmäßig geschickte Leute (zu denen ich mich zähle) leicht etwas zustande bringen, das wie ein Wunderwerk der Ingenieurskunst aussieht. Und nur weil es einfach ist, muss es ja nicht schlecht sein. Ganz im Gegenteil. Wir sollten uns über alles freuen, was die Leute an die frische Luft bringt und ihnen Lust macht, etwas anzupflanzen.

Modulsysteme funktionieren nach dem Baukastenprinzip. Sie geben jedem die Möglichkeit, die Größe seines Wandgartens selbst zu bestimmen, und bei Bedarf lassen sie sich später leicht erweitern. Das ist gut, denn so könnt ihr klein anfangen und erst einmal beobachten, wie sich die Beziehung entwickelt.

Installiert zuerst ein paar Module und kauft weitere dazu, wenn ihr euch an die Verantwortung des Gärtnerlebens gewöhnt habt. Es wäre Unsinn, sich zu übernehmen und plötzlich von Unmengen Pflanzen umgeben zu sein, die ihr gar nicht kennt – die aber Ansprüche stellen. Selbst wenn Freunde große, üppige Wandgärten haben: Packt das Projekt in eurem eigenen Tempo an. Ein Schritt vorwärts ist einfach, zurückrudern ist schwieriger, und ihr habt ja keine Eile.

1

Sucht eine Wand aus, die pro Tag 4–6 Stunden direktes oder gefiltertes Sonnenlicht bekommt. Ideal ist eine Südwand, weil sie auch im Winter kostbare Sonnenstrahlen einfängt. Morgenlicht ist sanfter als Abendsonne, darum ist auch eine Ostwand eine gute Wahl.

2

Die Größe des Wandgartens richtet sich natürlich nach eurem Hunger. Für die Höhe spielen aber praktische Fragen eine Rolle. **GIESSEN** und **ERNTEN** über Kopfhöhe sind schwierig. bleibt also vorerst in Reichweite eurer Arme. Leiter oder Hublifter können später noch zum Einsatz kommen. Zeichnet am besten die Größe des Gartens auf der Wand an.

3

Unser Wandgarten soll etwa 1,20 m hoch sein. Er wird aus einer Reihe von Modulen bestehen. Vom Brett müssen nun zwei Stücke von 1,20 m abgesägt werden. Daran werden die Module befestigt.

»

4

Miss den Abstand zwischen den Befestigungspunkten eines Moduls. Bei unserem waren es 45 cm.

Befestige das erste Brettstück mit geeigneten Schrauben (und eventuell Dübeln) an der Wand. Für unseren Holzzaun waren 50 mm lange Terrassenschrauben haltbar genug – und kurz genug, den Nachbarn auf der anderen Seite nicht zu ärgern. Die freundlichen Mitarbeiter im Baumarkt können im Zweifelsfall helfen.

5 >

< 6

Richte das Brettstück mit der Wasserwaage **GENAU SENKRECHT** aus und schraube erst dann sein unteres Ende fest.

7

Befestige das zweite Brettstück 45 cm neben dem ersten, dann passen die Bretter genau in die Ausnehmungen der Wandgarten-Module.

8

Auch das zweite Brettstück wird mit der Wasserwaage genau **SENKRECHT AUSGERICHTET**. Wenn beide festgeschraubt sind, kannst du – wieder mit der Wasserwaage – die Positionen der einzelnen Module auf ihnen anzeichnen. Unsere Module sind 20 cm hoch, zwischen ihnen müssen **ABSTÄNDE** von mindestens 5 cm bleiben Also haben wir alle 25 cm einen Strich angezeichnet.

9

Jetzt werden die 25 mm-Schrauben zum Aufhangen der Module in die Brettstucke geschraubt. Lass die Kopfe 5-10 mm aus dem Holz vorstehen.

»

‹ 10

Probiere aus, ob sich die leeren Module **PROBLEMLOS AUFHÄNGEN** lassen. Ja, du hast die Positionen der Schrauben ausgemessen, aber wer weiß … Falls etwas hakt, kannst du es jetzt in Ordnung bringen.

Du kannst die Module erst aufhängen und dann mit Substrat füllen oder am Boden füllen und danach aufhängen. Das ist deine Sache. Nimm auf jeden Fall ein Pflanzsubstrat von richtig guter **QUALITÄT**.

11 ›

12

Jungpflanzen setzen und angießen!

< 13

Dir ist bestimmt aufgefallen, dass die Module Dränagelöcher im Boden haben. **SEHR PRAKTISCH!** Du brauchst nur das oberste Modul zu begießen, den Rest erledigt die Schwerkraft.

Fertig. Jetzt kannst du dich lässig an den Wandgarten lehnen.

ÜBERBLICK

ZEIT

KNOW-HOW

KOSTEN

DU BRAUCHST DAFÜR …

- Getränkekiste
- Jutesack
- Großer Doppelhaken
- Schere (bei Bedarf)
- Geländer, Brüstung, Seitenwand einer Kiste, Loch in der Wand – einen Platz zum Aufhängen
- 1 Sack (30 l) hochwertiges Pflanzsubstrat
- Lieblingspflanze
- Wasser

GETRÄNKEKISTE WIRD BLUMENKASTEN

LEERGUT MIT MEHRWERT

Manche Wandgärten sind schwierig zu bauen, aber nicht alle. Manchmal genügen schon eine leere Getränkekiste, ein alter Sack und ein stabiler Haken, wie bei diesem Projekt. Fast alles, was gebraucht wird, liefert uns also eine neue Kulturform. Gemeint ist die Kultur der Kaffeebars, und gerade bei uns in Melbourne bekommt man den Stoff wirklich an jeder Straßenecke.

Das Material für dieses Projekt müsste also jeder Kaffeetrinker leicht beschaffen können. Wenn du keinen Kaffee magst und die Pflanzkästen trotzdem bauen willst, freunde dich mit Kaffeetrinkern an oder treib dich wenigstens in der Nähe von gut besuchten Kaffeebars herum. Bestimmt taucht irgendwann eine leere Getränkekiste auf, und wenn du es richtig anpackst, ergatterst du auch einen Sack.

Nachdem wir jahrelang leere Getränkekisten für alle möglichen Zwecke gesammelt haben, sind wir immer noch unsicher, ob dieses Projekt wirklich legal ist. Wenn irgendwo eine leere Kiste herumsteht, darf man sie einfach mitnehmen, Pfand hin oder her? Wenn du diese Fragen für dich geklärt hast, brauchst du nur noch im Baumarkt einen stabilen Doppelhaken zu kaufen und aus dem Gartencenter einen Sack Pflanzsubstrat zu besorgen. Das Projekt ist einfach, aber die Geheimnisse der Wegwerfgesellschaft löst es nicht.

1

Leere Getränkekisten bekommt man an jeder Ecke. Das bisschen Pfand ist kein Vermögen. Wichtig ist nur, dass du eine Kiste ohne Unterteilungen für die Flaschen und mit einem möglichst glatten Boden findest.

2

Säcke aus richtigem Sackleinen sind schon schwerer zu finden. Offenbar halten die Leute sie für **WERTVOLLER**. Aber wer auf sich hält, kennt den Barista in einer Kaffeebar. So wie wir.

3

Die Kiste wird mit dem Sack ausgekleidet. Er ist zu groß und wird am Rand der Kiste schön ordentlich umgefaltet.

»

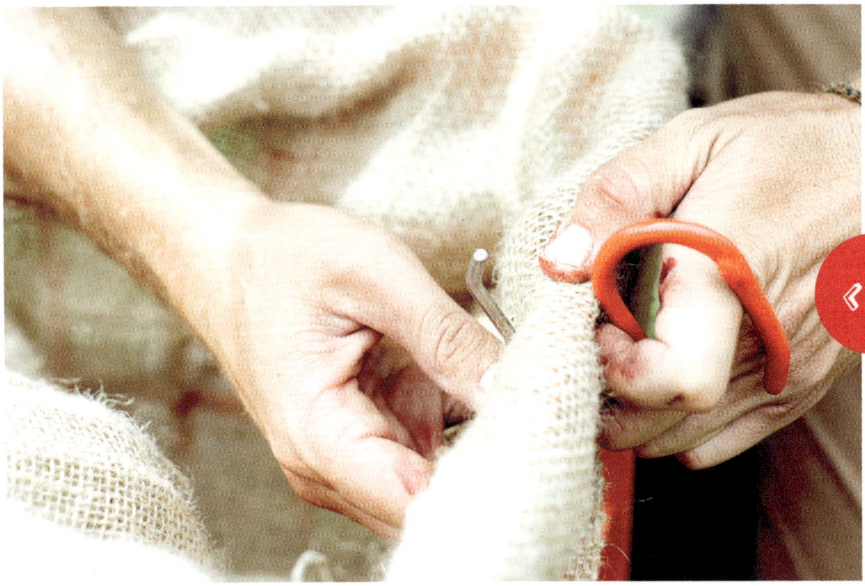

‹ 4

Stich mit dem Haken zum Aufhängen ein Loch ins Sackleinen. Klappt nicht? Nimm eine Schere. Der Haken muss in der Mitte der Kiste sitzen, damit sie **SCHÖN GERADE** hängt.

Hänge den Haken über das Geländer. Unser Haken ist groß genug für die Wand einer unserer Gemüsekisten. Wie große deiner sein muss, hängt davon ab, wo du deine Kiste aufhangen willst. An einem Sonnenplatz, das ist ja klar.

5 ›

‹ 6

In den Sack, der in der Kiste steckt, wird jetzt das Pflanzsubstrat gefüllt. Ein 30-Liter-Sack kostet nicht die Welt.

7
Ein grünes Schätzchen einpflanzen.

Angießen ... und FERTIG. Jetzt kannst du mit dem Kasten angeben.

WOCHEN-ENDE

ÜBERBLICK

ZEIT

KNOW-HOW

KOSTEN

DU BRAUCHST DAFÜR...

- Stabile, gut erhaltene Palette
- Handsäge oder Handkreissäge
- Säbelsäge
- Bandmaß
- Bleistift
- Wasserwaage
- Akkuschrauber, Bits und Bohrer
- 25 Holzschrauben, 50 mm
- Atemschutzmaske, Schutzbrille, Gehörschutz
- Schleifpapier oder Schleifmaschine
- 8 Terrassenschrauben, 50 mm
- 2 Winkel
- 1m x 1m stabile Plastikfolie
- Tacker und Klammern oder Hammer und Nägel
- Hochwertiges Pflanzsubstrat
- Leiter (bei Bedarf)
- Verschiedene Jungpflanzen (je nach Jahreszeit und Standort)
- Wasser

PALETTEN-WANDGARTEN

DIE PALETTE DES MÖGLICHEN

Früher dümpelten Paletten irgendwo am Rand meines Bewusstseins, aber inzwischen bin ich von ihnen geradezu besessen. Ich träume von Betten und ganzen Häusern aus Paletten, oder davon, mit einem Palettenboot in den Sonnenuntergang zu segeln. Man kann fast alles aus ihnen bauen, wenn man nur genug Fantasie – und genug Paletten – hat.

Die Beschaffung kann allerdings schwierig sein, denn inzwischen wird auf Paletten meist Pfand erhoben. Sie gehören jemandem, und sie werden wiederverwendet. Trotzdem liegen auf Baustellen und Abbruchgrundstücken oft Paletten herum, die herrenlos zu sein scheinen. Sie einfach mitzunehmen wäre möglicherweise Diebstahl, deshalb solltet ihr den Besitzer des Geländes fragen. Lässt sich kein Besitzer ausfindig machen, befragt euer Gewissen. Ansonsten kann es sich lohnen, beim Baustoffhändler eures Vertrauens vorzusprechen. Paletten mit kleinen Schäden, die für Gartenprojekte noch gut taugen, werden manchmal kostenlos abgegeben.

Neuerdings kommen immer neue Module und Befestigungsvorrichtungen für Wandgärten auf den Markt. Bei genauem Hinsehen erkennt man aber, dass eine Palette eigentlich schon ein (fast) fertiger Wandgarten ist. Warum losrennen und für viel Geld das Neueste vom Neuen kaufen, wenn man eine elegante Lösung viel billiger haben kann? Ich finde, dass das ein guter Grund ist, die Ärmel hochzukrempeln und sich auf sein handwerkliches Genie zu besinnen.

Der Trick bei Recycling-Projekten besteht darin, das Material möglichst wenig zu verändern. Das spart eine Menge Arbeit. Auch an einer Palette sind nur wenige Handgriffe und Zubehörteile nötig, um sie in einen Wandgarten zu verwandeln. Und das Beste ist: Im Gegensatz zu vielen anderen Dingen hält sie, was sie verspricht.

1

Besorgt euch eine einigermaßen gut erhaltene Palette, die ihr euch 50 Jahre lang an der Wand vorstellen könnt. Dies ist nämlich der Beginn einer **WUNDERBAREN NEUEN FREUNDSCHAFT**.

Die Palette direkt neben der mittleren Latte in zwei Teile sägen. Das ist das Aufwärmtraining. Danach geht es weiter mit dem **SPANNENDEN TEIL** des Baus.

2

3

Den abgesägten Teil der Palette zerlegen – am besten mit der Säbelsäge, mit der man auch die Nägel durchsägen kann. Die Bretter braucht ihr, um das andere Stück der Palette zum Wandgarten auszubauen.

»

< 4

Weil die Säbelsäge gerade in Betrieb ist, sägt auch die beiden mittleren Bretter des Paletten-Wandgartens ab.

Schraubt die abgetrennten Bretter direkt neben dem oberen und unteren Brett mit 50 mm-Schrauben an die Rückseite der Palette. Das werden die Pflanzkästen.

5 >

6

Jetzt ein Brett vom zerlegten Palettenteil auf die Vorderseite der Palette schrauben. Dadurch entsteht ein Pflanzkasten, dessen Wand vorn und hinten zwei Bretter hoch ist.

7

Ein zweites Brett wird ebenso vor den anderen Pflanzkasten geschraubt. Der Wandgarten besteht jetzt aus zwei Pflanzkasten mit einer Wandhöhe von zwei Brettbreiten.

8

Schnappt euch zwei Bretter und bohrt mit einem Holzbohrer (10–15 mm) in Abständen von 40 mm Löcher hinein. Das sind die Dränagelöcher für den unteren Pflanzkasten.

9

Ein vorgebohrtes Brett passt genau auf die Unterseite der Palette. Es muss nicht auf Länge gesägt werden. Befestigt es mit je zwei 50 mm-Schrauben an den Enden und der Mitte der Paletten-Unterseite.

»

10

Jetzt wird gemessen, wie lang der Innenraum des oberen Kastens ist.

11

Schneidet das zweite vorgebohrte Brett als Boden für den oberen Kasten zu.

12

Mit 50 mm-Schrauben am unteren Kasten befestigen.

13

Diese Palette war eine Zeitlang obdachlos. Das sieht man ihr an. Mit einem Schwingschleifer kannst du sie etwas **GLÄTTEN**.

14 ›

An jeder Seite der Palette oben einen stabilen Winkel anbringen. Nehmt dafür 50 mm-Terrassen-schrauben, denn sie haben einiges an Gewicht zu tragen.

‹ 15

Ihr könnt die Pflanzkasten jetzt mit lebensmittelechter Baufolie auskleiden, damit der Wandgarten länger hält.

Achtung: Das ist schwierig, weil man im Kasten schlecht hämmern kann. Vielleicht klappt es mit einem kleinen Tacker. Unbedingt Dränagelöcher in die Folie stechen, sonst droht Staunässe und die Wurzeln der Pflanzen faulen.

»

16

Jetzt muss ein kräftiger Freund den Palettengarten anheben und gerade halten, während du ihn an die Wand schraubst. Nimm dafür 50 mm-Terrassenschrauben.

Die Pflanzkästen werden mit einem guten Pflanzsubstrat gefüllt. Je nachdem, wie hoch der Wandgarten montiert wurde, brauchst du dafür vielleicht eine Leiter.

17 >

< 18

Und schon kann das junge Gemüse einziehen. **FLACH WURZELNDE** Pflanzen eignen sich am besten (siehe auch Seite 192). Wie wäre es mit Blattgemüse, Erdbeeren und Kräutern?

19

Die neuen Pflanzen angießen. Danach täglich bewässern – das ist im Wandgarten besonders wichtig.

ÜBERBLICK

ZEIT

KNOW-HOW

KOSTEN

DU BRAUCHST DAFÜR …

- Freie, sonnige Wand
- 3 Stücke Dachrinne
- Akkuschrauber, Bits und Bohrer
- Silikon (Kartusche)
- 3 Dachrinnen-Endkappen links
- 3 Dachrinnen-Endkappen rechts
- Bleistift
- Schnur
- Bandmaß
- 9 Dachrinnenhalter
- 25 Holzschrauben, 25 mm
- Hochwertiges Pflanzsubstrat
- Salat-Jungpflanzen
- Wasser

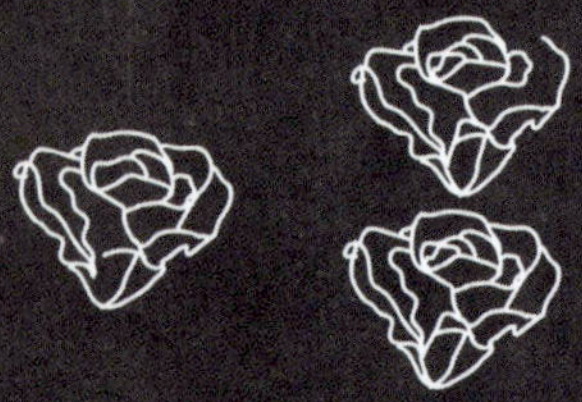

DACHRINNEN-WANDGARTEN

DIESE DACHRINNEN BRAUCHST DU NICHT SAUBER ZU MACHEN

Eine Schwierigkeit beim Bau eines Wandgartens besteht darin, Materialien zu finden, mit denen auch Nicht-Handwerker zurechtkommen. Wir kennen Leute, die Hilfe beim Austauschen von Glühlampen brauchen. Und wenn wir solche Leute dazu bringen wollen, in ihrer einzigen sonnigen Ecke Gemüse anzupflanzen, brauchen wir ein mehr als einfaches System.

Angeblich war der Erfinder des Dachrinnen-Wandgartens ein Faulpelz, der keine Lust hatte, am Wochenende die Dachrinne seines Hauses sauber zu machen. So wuchs irgendwann Unkraut in ihnen – und er kam auf eine Idee: Dachrinnen, die man mit Absicht bepflanzt, braucht man nicht zu säubern. Das war die Geburtsstunde des Dachrinnen-Wandgartens.

Dem Erfinder ging es zwar hauptsächlich darum, Arbeit zu vermeiden, aber das System hat auch seine Nachteile. Die Pflanztiefe der Dachrinnen ist gering und bestimmt, welche Pflanzen überhaupt infrage kommen. Außerdem braucht der Dachrinnen-Wandgarten viel Pflege, damit das Gemüse in der geringen Substratmenge gedeiht.

Wegen der geringen Pflanztiefe von höchsten 15 cm eignen sich Dachrinnen nur für sehr flach wurzelnde Pflanzen – also fast ausschließlich Blattgemüse, die schnell wachsen und jung geerntet werden: Rucola, Mizuna, Pflücksalate oder Pak Choi gedeihen in einem Dachrinnen-Wandgarten ordentlich.

Am Ende hatte unser Erfinder also gar nicht so schlechte Karten. Er wurde für seine Faulheit mit Bergen von frischem Salat belohnt.

1

Finde den besten Platz für den Wandgarten. Ideal ist eine Wand, die **REICHLICH SONNE** bekommt – am besten morgens, wenn das Licht noch sanft ist.

»

2

Alte Dachrinnen sind kaum stabil genug für ein paar nasse alter Blätter, geschweige denn für Substrat und Pflanzen. Leistet euch also neue Rinnen und bohrt jede Menge Dränagelöcher hinein. Die Pflanzen in den Rinnen müssen oft begossen werden, aber das Wasser muss abfließen können. Bohrt Löcher von 10–15 mm Größe, damit das Substrat nicht herausrieselt.

3

Die Endkappen auf die Dachrinnen stecken und mit Silikon festkleben. Sie verhindern, dass das Substrat herausfällt. Erledigt das frühzeitig, damit das Silikon Zeit zum Abbinden hat.

4

Über die Höhe der obersten Rinne kann man diskutieren. Sie sollte aber bequem vom Boden aus erreichbar sein.

5

Zeichnet mit dem Bleistift die Position des ersten Dachrinnenhalters an.

6

Von dort eine Schnur spannen und die Position des Halters für das andere Ende anzeichnen.

7

Die Mitte mit einem Bandmaß anzeichnen und dort den mittleren Halter festschrauben.

»

8

Die Dachrinnenhalter haben wir mit 25 mm-Schrauben an der Holzwand festgeschraubt. Seht unbedingt nach, ob die Spitzen auf der anderen Seite hervorschauen. Der Nachbar wird's danken.

Weil wir nur Salat anpflanzen wollen, der nicht sonderlich hoch wird, können die Abstände der Dachrinnen relativ klein sein. 20–30 cm Abstand genügen für die beiden nächsten Etagen.

9

10

Die Dachrinnen in die Halter einlegen und die Klammern umbiegen. Genau: Mit der Hand! Das ist **HARDCORE-DIY!**

11

Jetzt wird Pflanzsubstrat eingefüllt. Wir raten immer dazu, nicht an der Qualität zu sparen. Das ist in diesem Fall umso wichtiger, weil die Pflanztiefe so gering ist. Euer Salat wird alle Hilfe brauchen, die er bekommen kann.

12

Die Jungpflanzen ins Substrat setzen und kräftig gießen. Wenn ihr Dränagelöcher gebohrt habt, könnt ihr ruhig gießen, bis die Dachrinnen **BIS ZUM RAND** voll sind. Das Substrat lässt überflüssiges Wasser abfließen.

ÜBERBLICK

ZEIT (2 Uhren)

KNOW-HOW (2 Schaufeln)

KOSTEN (2 Münzen)

DU BRAUCHST DAFÜR…

- Wandgarten aus Filz oder Vlies (Gartencenter)
- Rundholz
- Akkuschrauber, Bits und Bohrer
- 2 Terrassenschrauben, 50 mm
- Bandmaß
- 4 Bretter, 70 x 19 mm, 3 m lang
- Handkreissäge
- 25 Holzschrauben, 40 mm
- 4 Flachverbinder-Winkel (90°)
- 12 Holzschrauben, 15 mm
- 2 stabile Winkel
- Hochwertiges Pflanzsubstrat
- Genügsame, kleine Pflanzen

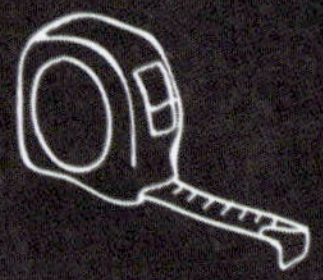

TASCHENGARTEN MIT RAHMEN

BILDSCHÖN

Mit einem Rahmen sieht alles gleich viel besser aus. Kinderzeichnungen? Einrahmen! Deine Augen? Einrahmen! Alte Urlaubsfotos mit einem halben Finger vor dem Objektiv? Einrahmen! Mir fallen noch viel mehr Beispiele ein. Tatsache ist, dass ein Rahmen das aufwertet, was in ihm steckt. Genauso ist es mit Zierleisten an Fenstern oder an der Zimmerdecke. Die Montage ist schnell erledigt, aber der Raum wirkt viel eleganter.

Im Garten ist es nicht anders. Letztlich ist ein Hochbeet doch auch nur ein glorifizierter 3D-Rahmen für Gemüse. Dinge sehen ordentlicher, solider und besser geplant aus, wenn sie klare Grenzen haben. Und auch ein Wandgarten macht mehr Eindruck, wenn man ihm einen schicken Rahmen verpasst.

Fertige Wandgärten gibt es in verschiedenen Ausführungen. Sie funktionieren meist nach dem gleichen Prinzip, aber ihr ästhetischer Wert scheint in direktem Zusammenhang mit ihrem Preis zu stehen. Für einfallsreiche Gärtner ist das aber kein Problem. Ihr könnt auch ein simples Modell aufhübschen. Ein Taschengarten aus Filz zählt zu den preiswertesten Modellen, die man fertig kaufen kann, und er ist einfach aufzuhängen. Allerdings sieht das schlappe Filzgehänge nicht gerade ansprechend aus. Ein simpler Rahmen versteckt die welligen Kanten und macht den preiswerten Wandgarten zum Hingucker.

1

Packt den Taschen-Wandgarten aus und lest zuerst die **GEBRAUCHSANWEISUNG**. Normalerweise wird das Zubehör zum Aufhängen mitgeliefert. Wenn das nicht der Fall ist, kauft im Baumarkt ein paar Schrauben und Unterlegscheiben.

2

Dieser Taschengarten hat oben einen Tunnel, in den ein Rundholz geschoben werden soll. Sehr praktisch zum Aufhängen.

3

Am besten bohrst du in jedes Ende des Rundholzes ein kleines Loch, damit das Holz beim Festschrauben an der Wand nicht reißt.

4

Suche eine sonnige Wand und hänge den Taschengarten dort mit zwei 50 mm-Terrassenschrauben auf. Und schon hängt er da wie ein feiner **PERSERTEPPICH!**

5

Miss jetzt den Wandgarten aus. Unserer ist 1,20 m x 80 cm groß. Bedenke aber, dass der Rahmen die Ränder des Taschengartens verdecken soll.

6

Schneide aus den Brettern zwei Stücke von 1,20 m Länge und zwei von 80 cm Länge zu. Daraus wird der Rahmen gebaut, der hinter der vorderen Blende sitzt.

7

Die Bretter vorbohren (wichtig!) und mit 40 mm-Holzschrauben zusammenschrauben.

8

Miss den Rahmen nochmals nach. Je nachdem, wie du ihn zusammengeschraubt hast, ist er etwas größer als der Taschengarten.

9

Schneide zwei Bretter von 1,20 m Länge zu. Du brauchst sie für die obere und untere Blende.

»

‹ 10

Komm jetzt nicht auf die Idee, die Länge der beiden anderen Blenden zu berechnen. Miss einfach nach und schneide zwei passende Bretter zu.

11

Die Blenden an den Ecken mit Flachverbindern zusammenschrauben. Nimm dafür 15 mm-Holzschrauben. Noch ist die Konstruktion **ETWAS WACKLIG**, aber das ändert sich gleich.

‹ 12

Jetzt die Blende auf den Rahmen legen. Es macht nichts, wenn er etwas übersteht. Dafür gibt es **SCHÖNHEITSPUNKTE**.

‹ 13

Schraube die Blende an allen vier Ecken auf dem Rahmen fest. Bohre unbedingt vor und nimm 40 mm-Holzschrauben.

14

Schraube Winkel an die oberen hinteren Ecken des Rahmens. Damit wird er an der Wand aufgehängt.

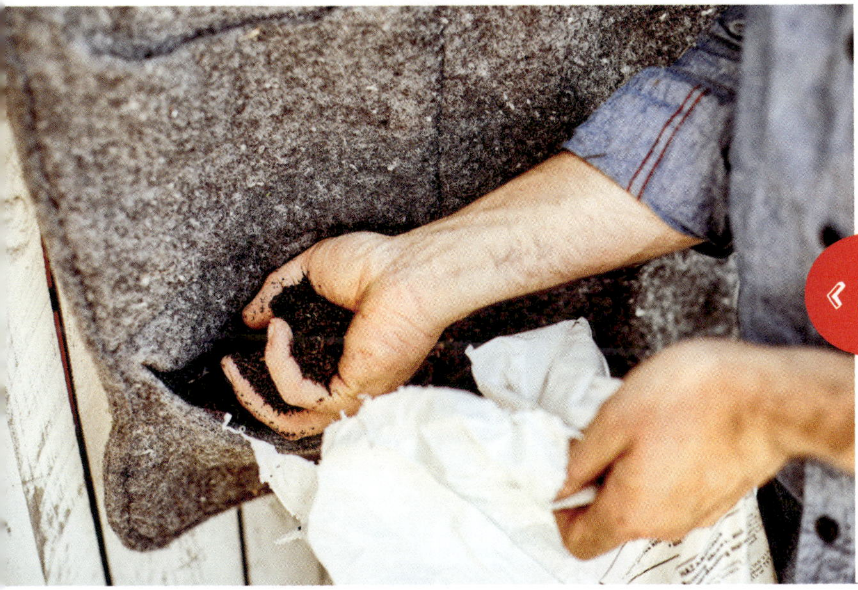

‹ 15

Nun wird Substrat in die Taschen gefüllt. Da den Pflanzen so wenig Substrat zur Verfügung steht, solltest du ihnen **ALLERBESTE QUALITÄT** gönnen.

»

16

Setze kleine, **GENÜGSAME** Pflanzen in die Taschen.

17

Der Rahmen wird mit 40 mm-Holzschrauben an der Wand befestigt. Wie bei allen Wandinstallationen solltest du wissen, was auf der anderen Seite der Wand ist. Schließlich soll sich dein lieber Nachbar nicht an vorstehenden Schraubenspitzen verletzen.

Hmmm ... ein transzendentales, dialektisches Kunstwerk.
Hmmm ... Zedernholz?

TOP 5

PFLANZEN FÜR DEN VERTIKALEN GARTEN

Ein vertikaler Garten ist – nach wildem Wein – das Beste, was einer Wand passieren kann. Im Gegensatz zu wildem Wein schädigen Gemüsepflanzen das Mauerwerk aber nicht, und sie werfen im Herbst nicht Berge von Laub ab. Manche Arten kann man fast rund ums Jahr anpflanzen, ohne einen Zentimeter Bodenfläche zu opfern.

1 ERDBEEREN

Die kleinen roten Früchtchen sind die Bonbons der Gartenwelt. Man kann zwar Bauchweh bekommen, wenn man zu viele isst, aber Erdbeervöllerei ist für das Gewissen immer noch besser als eine ganze Tüte Gummibären zu assimilieren. Es macht Spaß, jederzeit süße Erdbeeren zur Hand zu haben, und sie wachsen im Wandgarten bestens. Sie strecken ihre Wurzeln nicht in die Tiefe, um Wasser zu finden, sondern in die Breite. Darum kommen sie mit der geringen Tiefe von Wandmodulen gut zurecht. Außerdem bilden sie Ausläufer, und wenn du sie einpflanzt, hast du bald eine ganze Wand voll leckerer Früchte. Greif zu, pflück dir ruhig noch eine.

Blattgemüse hat flache Wurzeln und wächst nach, wenn man die jungen Blätter oft erntet. Das lässt sich am bequemsten auf Augenhöhe erledigen. Wenn ihr viele verschiedene Arten und Sorten pflanzt, habt ihr jede Menge Abwechslung auf dem Teller, und auch der Wandgarten sieht bunter und interessanter aus. Probiert es mit Spinat, Eisbergsalat, grünem und rotem Pflücksalat oder Radicchio. Denkt aber daran, dass die zarten Blätter ziemlich empfindlich sind. Ob Wandgarten oder Beet: Durch Wind und Hitze trocknen sie schnell aus. Also unbedingt jeden Morgen gießen, damit ihr nach Feierabend frischen Salat ernten könnt.

2 SALAT

3 THYMIAN

Das mehrjährige Kraut bildet flache Wurzeln und ist ausgesprochen robust und anspruchslos – also ideal für den Wandgarten. Während Petersilie, Basilikum und Blattkoriander viel Zuwendung brauchen, nimmt es der genügsame Thymian nicht einmal übel, wenn man einige Tage das Gießen vergisst. Er hat Verständnis dafür, dass du viel um die Ohren hast, und weiß die kostbaren Momente, die du ihm widmest, umso mehr zu schätzen. Thymian ist ein verlässlicher alter Freund, den man nur ab und zu trifft, zu dem man aber nie den Draht verliert. Er ist für dich da, wenn der Nudelsauce der X-Factor fehlt oder wenn du etwas Besonderes zum Marinieren von Ziegenkäse brauchst. Es lebe der Thymian!

Wer uns kennt, weiß, dass wir Tomaten über alles lieben und überall anpflanzen. Natürlich stellt bei einem Wandgarten die Bodentiefe ein gewisses Problem dar. Wenn ihr aber Module mit ausreichender Tiefe findet oder vielleicht Getränkekisten aufhängt, dann gedeihen Tomaten auch im Wandgarten. Soweit ich weiß, liegt es gar nicht in der Natur von Tomatenpflanzen, aufrecht zu wachsen. Wir haben eine Menge Gestelle und Spaliere erfunden, um sie dazu zu überreden, aber eigentlich wollen sie lieber hängen. Lassen wir ihnen ihren Willen, dann sehen unsere Wände aus wie in einem dionysischen Badehaus. Fehlen nur ein paar Nymphen, die dir die Tomaten in den Mund fallen lassen, während du vergnügt die Laute schlägst.

4 TOMATEN

5 KAPUZINERKRESSE

Diese Blume hat das Zeug zum Gartenhelden. Sie sät sich selbst aus, ist nahezu unausrottbar und bildet selbst an Wänden mit magerer Sonneneinstrahlung Jahr für Jahr Kaskaden in Grün, Gelb und Orange. Wie ein Vintage-Plattenladen ist sie ein wahrere Magnet für jede Menge coole Besucher, stell dich also auf summende Insekten-Gesellschaft ein. Aber Kapuzinerkresse sieht nicht nur toll aus und lockt Bestäuber an. Man kann sie auch essen. Die Blätter haben einen kräftig-pfeffrigen Geschmack, die Blüten sind etwas milder. Kapuzinerkresse ist eins der seltenen Beispiele dafür, dass Schönheit und Nutzen in Tateinheit daherkommen. Lass dir das nicht entgehen!

PROJEKTLISTE

WOCHENENDE

TOP 5

GARTEN-BASICS

Wir wissen nicht, wie viele von euch unsere Geschichte kennen. Am Anfang waren wir nichts weiter als zwei Typen, die so taten, als ob sie wissen, was sie tun. Und jetzt betreiben wir The Little Veggie Patch Co und helfen anderen, ihr Obst und Gemüse selbst anzubauen. Mit unserem Buch wenden wir uns an alle, die uns auf diesem Weg begleitet haben und immer auf der Suche nach neuen Tipps sind, aber auch an Einsteiger. Vor allem für sie wollen wir hier das kleine 1x1 wiederholen.

Mit diesem Kapitel erinnern wir auch an die gute alte Zeit, als ein Nutzgarten noch eine simple und unkomplizierte Sache war. Damals ging es einfach um Gemüse. Man wollte die leckersten Tomaten ernten – und sonst nichts. Erinnern wir uns also an das, was Oma und Opa über den Nutzgarten wussten, denn dieses bewährte und erprobte Wissen kann man wirklich in Gold (oder Tomaten) aufwiegen.

Im Lauf der Jahre haben wir zwar einige unserer Methoden weiterentwickelt, aber das Ziel war immer dasselbe. Es geht darum, die optimalen Bedingungen für essbare Pflanzen zu schaffen, zum Beispiel indem wir Hochbeete bauen – seit Urzeiten ein Nutzgartenklassiker. Da können schon nostalgische Gefühle aufkommen, wenn das Holz würzig duftet und unsere Kunden einen Kaffee vorbeibringen. Und am Ende des Tages hat man das Gefühl, wirklich etwas geschafft zu haben.

Außerdem geht es in diesem Kapitel um die Helfer im Hintergrund, die den Nutzgarten am Laufen halten. Das ist zum Beispiel der ultimative Komposter, der für nährstoffreiche Beete sorgt, oder eine Bewässerungstechnik, die effizienter ist als der zuverlässigste Nachbar. Wir beleuchten die Beziehung zwischen einem Obstbaum und dem Garten: lebenslang, wichtig und überaus produktiv.

Die einfachsten Lösungen sind oft die besten. In diesem Sinn macht ein unkomplizierter, gut organisierter Nutzgarten ausgesprochen zufrieden. Das war unser Grundgedanke, als wir The Little Veggie Patch gegründet haben. Und auf diesem Nährboden konnte unser Unternehmen wachsen und sich gut entwickeln. Manchmal geht es eben nur um die einfachen Dinge und darum, wie man sie richtig macht (oder ein bisschen verfeinert).

ÜBERBLICK

ZEIT 2/3

KNOW-HOW 2/3

KOSTEN 3/3

DU BRAUCHST DAFÜR …

- Harke
- Bandmaß
- Bleistift
- 8 Bretter, 20 cm x 38 mm, 3,60 m lang
- Handkreissäge
- 100 Terrassenschrauben, 70 mm
- Akkuschrauber, Bits und Bohrer
- Wasserwaage

EIN HOCHBEET BAUEN

DIE GUTE ALTE ZEIT

Es war einmal eine Zeit, in der es bei The Little Veggie Patch Co (LVPC) nur um den Bau von Hochbeeten ging (und zwischendurch die eine oder andere Tasse Tee). An einem typischen Tag fuhren wir zum Holzhändler, um dicke Bretter zu besorgen, und in den Baumarkt, wo wir Terrassenschrauben kauften. Danach ging es wieder nach Hause, weil wir den Akkuschrauber vergessen hatten.

In dieser Zeit ging es bei LVPC recht bunt zu. Menschen aus verschiedenen Kulturen trafen sich, um Hochbeete zu bauen. Ein Mann der frühen Stunde war der Franzose Sylvain. Mit ihm verband mich eine gewisse Seelenverwandtschaft, und er war ein Mitgründer der Firma. Ich erinnere mich gern an unsere Anfangszeit. Wir bauten ein Hochbeet, tranken eine Tasse Tee und nahmen das nächste in Angriff.

Damals war das Leben noch einfach, weil wir in anderen Kategorien denken konnten. Die Grundstücke waren größer, der Einfluss der Elemente anders als heute. Man hatte ein Hochbeet oder zwei, vielleicht ein paar Obstbäume und einen Komposter. Das genügte normalerweise, um die Besitzer des Grundstücks zu versorgen.

Inzwischen mussten wir uns von diesem Konzept verabschieden, denn sein Grundgedanke ist, aus dem, was man hat, das Beste herauszuholen. Aber wie kann man auf Betonplatten in der 35. Etage Pflanzen ziehen? Der Platz, der für Gärten genutzt werden konnte, schrumpfte immer weiter. Das ist die Voraussetzung, von der wir heute ausgehen müssen.

Wer einen Garten hat, kann natürlich mit einem Hochbeet auf dem Boden beste Bedingungen für Nutzpflanzen schaffen. Darum erklären wir hier (mit nostalgischen Gefühlen), wie man es baut.

‹ 2

Jetzt wird das Holz ausgemessen und angezeichnet. Wir arbeiten gern **ALTMODISCH** und organisiert, weil das meistens effizienter ist. Darum bereiten wir alle Hölzer in einem Arbeitsgang vor. Zweimal messen, einmal sägen!

»

3

Für unser Hochbeet brauchen wir sechs Bretter von 2,40 m Länge, sechs von 1,50 m Länge und zehn senkrechte Stützen von 60 cm Länge. Das Sägen geht leichter, wenn du nicht versuchst, die Kreissäge durch das Holz zu schieben. Lass sie sich in ihrem eigenen Tempo durch das Holz fressen. Dann werden die Schnitte **SCHÖN GERADE** und alles passt gut zusammen. Das wird dann mit einer **TASSE TEE** gefeiert.

4

Jede Längsseite des Hochbeets besteht aus drei 2,40 m langen Brettern, die mit drei 60 cm langen Stützen zusammengeschraubt werden. Legt die langen Bretter auf den Boden und schiebt unter jedes Ende eine Stütze. Sie müssen genau so weit vorstehen, wie die Bretter dick sind (also 38 mm). Messt den Überstand mit einem anderen Brett ab. Welchen Sinn er hat, wird sich später klären.

5

Außer den beiden vorstehenden Stützen an den Enden wird zur Verstärkung eine dritte in der Mitte festgeschraubt.

6

Und schon kann aufgebaut werden. Nehmt ein zusammengeschraubtes Teil und stellt es an seinen Platz. Richtet es mit der Wasserwaage genau senkrecht und waagerecht aus. Dann schraubt unten auf Bodenniveau ein 1,5 m langes Brett fest, damit das lange Teil nicht umkippt.

7

Setzt darauf noch zwei 1,5 m lange Bretter und schraubt sie fest. Dann ist das halbe Hochbeet fertig. Wenn unsere Sägeschnitte supergenau wären und alle Bretter exakt die gleiche Stärke hätten, würden die restlichen Teile auf Anhieb passen. Aber Holz ist immer etwas ungleichmäßig, und wir sind **NICHT PERFEKT**.

8

Weil die restlichen Teile wahrscheinlich nicht auf Anhieb passen, steckt sie lieber **ZUR PROBE** zusammen, bevor ihr sie verschraubt. Notfalls könnt ihr das untere Brett etwas anheben oder in den Boden rammen. Sieht gut aus? Dann wird jedes Brett mit zwei 70 mm-Terrassenschrauben festgeschraubt.

»

9

Stellt jetzt das zweite lange Teil auf. Schön gerade ausrichten und festschrauben. Teepause? Nichts da. Zuerst werden die letzten Bretter und Stützen montiert.

10

Mit den letzten Stützen könnt ihr kleine Unregelmäßigkeiten verdecken. Sie werden an den vier Ecken des Hochbeets festgeschraubt – und zwar mit 70 mm-Terrassenschrauben von innen. So sind von außen keine Schraubenköpfe zu sehen und ihr habt ein **MAKELLOSES** Hochbeet (bei dem alle Patzer getarnt sind).

Jetzt kann das Beet mit Erde gefüllt und bepflanzt werden.
WIE DAMALS!

ÜBERBLICK

ZEIT

KNOW-HOW

KOSTEN

DU BRAUCHST DAFÜR …

- Plastikeimer mit Deckel
- Handsäge
- Akkuschrauber, Bits und Bohrer
- 2 Schrauben, 15 mm
- Schelle
- Schaufel
- Kompost oder Pflanzsubstrat
- Kompostwürmer
- Gemüseabfälle

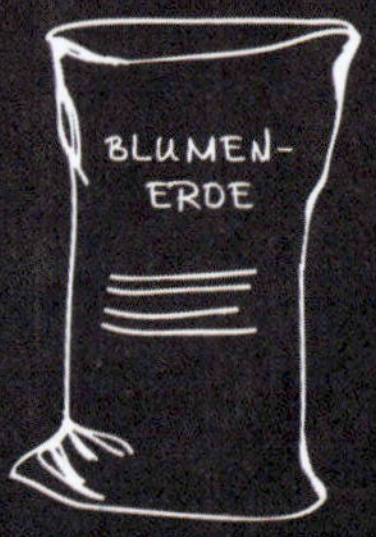

WURMKOMPOST

SIE KOMMEN GANZ VON ALLEIN

Konventionelle Wurmkomposter haben so ihre Probleme. Sie sehen ziemlich unansehnlich aus, und sie nehmen Platz ein, den man anders nutzen könnte. Außerdem können sie Schädlinge anlocken. Konventionelle Komposter haben meist keinen Boden. Also braucht eine motivierte, halbwegs einfallsreiche Ratte nur wenige Zentimeter zu buddeln, um an ein üppiges Gemüsebüffet zu gelangen.

Früher, als ich in einer WG wohnte, war das Treiben der Nager ein kulturelles Highlight. Jeden Abend saßen meine Mitbewohner und ich am Küchenfenster und beobachteten zwei Ratten-Junggesellen, die sich erbitterte Gefechte um die Herrschaft über den Kompost lieferten. Ach, ein bisschen vermisse ich die beiden schon …

Inzwischen sind uns Behausungen für Würmer lieber als eine Kampfarena für Ratten. Darum haben wir diese Version eines Wurmkomposters erfunden. Es ist eigentlich nur ein Plastikeimer, der im Boden vergraben wird – wo ja angeblich diese Würmer leben. Wir haben Löcher in die Eimerwände gebohrt, damit die Würmer einziehen können. Den Deckel kann man abnehmen, um Grünabfälle hineinzufüllen.

Unser Modell ist kleiner als ein konventioneller Wurmkomposter, dafür aber unauffälliger und rattensicher. Weil er im Boden eingegraben ist, herrscht dort eine Temperatur, bei der sich die Würmer wohl fühlen und besonders produktiv sind. Wenn der Eimer voll ist, kann man den Kompost herausnehmen und auf den Beeten verteilen. Oder man nimmt den ganzen Eimer aus dem Boden und gräbt ihn an einem anderen Platz wieder ein.

1

Zuerst braucht es einen guten Platz für das Wurmquartier. Die Würmer verbessern die Bodenqualität erheblich, darum ist es eine gute Idee, einen Bereich auszusuchen, der das nötig hat. Der Wurmkomposter ist praktisch, wenn der Platz für einen normalen Komposter nicht ausreicht oder Ratten ein echtes Problem darstellen. Er kann zusätzlich zu einem normalen Komposter installiert werden.

2

Geeignet ist jedes alte Behältnis aus Metall oder Kunststoff, das einen Deckel hat. Diesen Plastikeimer haben wir in einem Laden gefunden. Er ist für unsere Zwecke perfekt geeignet. Zuerst wird der Boden abgesägt.

3

In die Wände werden jede Menge Löcher gebohrt. Das sind die Eingänge, durch die Bewohner in die **UNDERGROUND CITY** einziehen können. Studien haben ergeben, dass die Nutzung öffentlicher Verkehrsmittel in Städten nur zunehmen kann, wenn man den Service verbessert. Sorgt also dafür, dass die Würmer nicht Schlange stehen müssen.

»

4

Die Schelle auf den Deckel schrauben – als **GRIFF**.

5

Ein Loch in den Boden graben – so tief, dass der Deckel gerade auf Erdniveau sitzt. Den Eimer hineinstellen und rundherum wieder mit Erde auffüllen. Die Erde, die übrig bleibt, wird woanders verteilt.

< 6

Füllt jetzt etwas Kompost in den Eimer. Wer keinen Kompost hat, kann auch ein paar Handvoll Pflanzsubstrat nehmen. Dann haben die Würmer ein behagliches Plätzchen, an dem sie sich **AUSRUHEN** können, wenn sie gerade keine Küchenabfälle verarbeiten.

7

Setzt Kompostwürmer hinein. Schön vorsichtig, denn die Tierchen sind sensibel. Unterschätzt sie nicht. Sie sind klein, aber **ENORM GEFRÄSSIG**.

8

Wenn die Würmer eingezogen sind, kann die **KOMPOSTIERUNG** losgehen. Ihr könnt fast alle Obst- und Gemüseabfälle in den Eimer füllen, außer Zitrusschalen und Avocados. Und bitte nicht zu viel Zwiebel und Knoblauch.

WOCHEN-ENDE

ÜBERBLICK

ZEIT

KNOW-HOW

KOSTEN

DU BRAUCHST DAFÜR …

- Zwei-Wege-Ventil
- Teflonband
- Bewässerungsautomat mit Zeitschaltuhr
- Passende Batterie
- Anschlussstück für PE-Rohr, 13 mm
- Schwarzes PE-Rohr, 13 mm
- Passende Rohrschellen
- Rohrzange
- Rohrschneider
- 1 Paket T-Stücke
- Akkuschrauber, Bits und Bohrer
- 1 Paket Winkelstücke (L-Stücke)
- Tropfschlauch, 13 mm
- Erdnägel (vom Zelt)
- Kleine Schraube
- Anschlussstück für 4 mm-Schlauch
- Bewässerungsschlauch, 4 mm
- Endtropfer

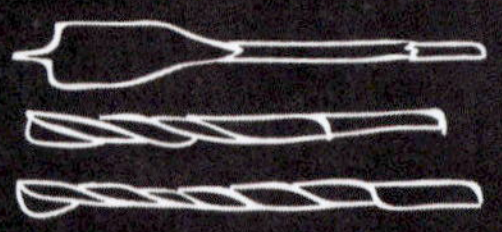

CLEVER BEWÄSSERN

DIE PERFEKTE URLAUBS-VERTRETUNG (WEIL NACHBARN VERGESSLICH SEIN KÖNNEN)

Ohne Wasser kann euer Garten NICHT überleben. Das müsst ihr bedenken, wenn ihr einen langen Sommerurlaub plant. Er kann schon in Schwierigkeiten geraten, wenn ihr nur eine Woche wegfahrt. Wir leben zwar in einem Land, in dem wir über Regenmangel normalerweise nicht klagen können. Aber wenn wir den Garten aus den Augen lassen, kommt es garantiert anders …

Den Nachbarn solltet ihr nur im Notfall engagieren, denn wenn ihr öfter verreist, kann sich das nachteilig auf die gute Beziehung auswirken. Also nehmt die Sache lieber selbst in die Hand.

Wir wissen, dass heutzutage jeder einen dvollen Terminkalender hat. Manchmal hat man sogar Mühe, bei Instagram auf dem Laufenden zu bleiben. Umso wichtiger ist es, alles zu nutzen, was die moderne Welt bietet – zum Beispiel ein Bewässerungssystem.

So ein System ist besser als der allerbeste Nachbar, weil es arbeitet, während der Nachbar schläft, und weil es mithilfe von Tropfschläuchen das Wasser genau dahin bringt, wo es gebraucht wird: an die Wurzeln der Pflanzen. Anders als beim normalen Gießen bleiben die Blätter trocken, und dadurch besteht weniger Gefahr, dass Schädlinge oder Krankheiten Ärger machen. Mit normalem Gießen meine ich Methoden, bei denen du im Garten stehst, ein Bier in einer Hand und den Gartenschlauch in der anderen.

Natürlich muss so ein Bewässerungssystem installiert werden. Aber so wie manche Handwerker ihren Job als ungemein schwierig darstellen, um ihn zu schützen, übertreiben auch die Bewässerungsspezialisten gern. Ein Tropfsystem kann jeder halbwegs begabte Heimwerker installieren und damit ein kritisches Element in den Griff bekommen, mit dem der Erfolg des Nutzgartens steht oder fällt: die Bewässerung.

1

Der komplizierteste Teil ist oft der Anschluss an die Wasserleitung. Wenn der Wasserdruck im System zu hoch ist, kann das allerlei Probleme nach sich ziehen, beispielsweise können sich Verbindungen des Systems lösen. Wir haben am Wasserhahn zuerst ein Zwei-Wege-Ventil montiert. Ein Ausgang versorgt den Gartenschlauch, der andere das Bewässerungssystem.

2

Alle Anschlüsse mit einem **GEWINDE** sollten mit Teflonband umwickelt werden, um sie gut abzudichten.

3

An einen Ausgang wird die Zeitschaltuhr angeschlossen. Einfache Geräte kosten nicht viel. Sie laufen mit Batterie, und man kann bis zu vier **BEWÄSSERUNGSZEITEN** einstellen. Kurz gesagt, sie können alles, was ihr braucht, und nichts, was ihr nicht braucht.

»

4

Stell die Bewässerungszeiten ein. Dafür spielen die Jahreszeit und die Größe der Pflanzen eine Rolle. Wir wollen hier nicht erklären, wie das Einstellen funktioniert. Das ist ohnehin von Modell zu Modell verschieden. Lest also die **GEBRAUCHSANWEISUNG**.

5

An den Bewässerungsautomaten wird das Anschlussstück für dein schwarzes PE-Rohr (13 mm) geschraubt.

6

Nun das Ende des PE-Rohrs am Anschlussstück montieren. Das Rohr wird aufgerollt geliefert und ist etwas sperrig. Am besten wickelt ihr es ab und legt es in die Sonne. Dadurch wird der Kunststoff weicher und lässt sich besser verarbeiten.

7

An allen Verbindungsstellen müssen Schellen angebracht und mit einer Rohrzange gut festgezogen werden. Sonst besteht Gefahr, dass sich die Verbindungen durch den **WASSERDRUCK** lösen. Ihr wollt ja nicht, dass während eures Urlaubs tagelang die Hausecke bewässert wird.

8

Legt das Rohr jetzt in den Gartenbereich, der bewässert werden soll. Das Rohr lässt sich **IM BOGEN** um Hindernisse legen, an scharfen Ecken sollte aber ein Winkelverbinder eingebaut werden. Hunde kauen mit Begeisterung auf den Rohren herum, darum grabt sie lieber im Boden oder im Rasen ein.

9

Um einzelne Beete oder Hochbeete zu versorgen, das Rohr durchschneiden und ein T-Stück einsetzen.

10

Das T-Stück leitet einen Teil des Wassers ins Beet, der restliche Teil bleibt im System. Schellen nicht vergessen!

11

Für die Versorgung des Hochbeets auf Höhe des Substrats ein Loch in die Seitenwand bohren. Es muss etwas größer sein als das Rohr.

12

Das Rohr bis zum Loch verlegen, ein Winkelstück und ein Stück Rohr anschließen, das ins Hochbeet hinein reicht.

13

Weiter geht es mit dem Tropfschlauch. Unserer besteht aus braunem Kunststoff und hat in Abständen von 30 cm Löcher, durch die pro Stunde 2–3 Liter Wasser austreten. Die Montage ist einfach. Wichtig ist aber, ihn nicht zu nahe an einem Loch durchzuschneiden, sonst kann die Verbindung undicht werden. Mindestens 3 cm Abstand sollten es sein.

14

Wenn der Schlauch lange zusammengerollt war, lässt er sich schlecht verarbeiten. Rollt ihn ab, beschwert ihn und legt ihn in die Sonne, damit er geschmeidiger wird.

15

Für das Bewässerungs-Netzwerk werden die Schläuche in Abständen von 30 cm verlegt – entsprechend dem Lochabstand im Schlauch.

16

Wenn alle Schläuche verlegt und mit Schellen gesichert sind, befestigt sie mit Erdnägeln im Boden. Später können sie mit Mulch verdeckt werden.

17

Soll ein einzelner Topf oder Kübel in der Nähe des Systems bewässert werden, könnt ihr dafür den 4 mm-Schlauch verwenden. Zuerst mit einer Schraube ein kleines Loch in den Tropfschlauch stechen.

18

Ein Anschlussstück für den 4 mm-Schlauch einsetzen.

19

Den Schlauch aufstecken und zum Kübel verlegen.

Zuletzt den Endtropfer montieren. Nimm am besten ein Modell, das sich **REGULIEREN** lässt, und stelle den Durchfluss beim Testlauf des Bewässerungssystems ein. Durch die Löcher des Tropfschlauchs treten pro Stunde 2–3 Liter Wasser aus. Durch einen voll geöffneten Endtropfer kann dieselbe Menge pro Minute austreten.

20 ›

‹ 21

Zeit für den **TESTLAUF**. Kontrolliert, ob alle Schellen fest und alle Verbindungen dicht sind. Stellt den Durchfluss der Endtropfer ein. Wenn das erledigt ist, bucht Flug und Hotel und vergesst nicht, dem Nachbarn zu sagen, dass ihr mal wieder verreist.

ÜBERBLICK

ZEIT

KNOW-HOW

KOSTEN

DU BRAUCHST DAFÜR...

- 10 lange Bambusstäbe
- Stabile Schnur
- Erbsen oder Bohnen (in der passenden Jahreszeit)
- Immergrünes Geißblatt (für ganzjährige Begrünung)
- Wasser

KLETTER-TIPI

EIGENHEIM MODELL JUNIOR

Als Kind habe ich mit Begeisterung das Buch „Der geheime Garten" von Francis Hodgson Burnett gelesen. Soweit ich mich erinnere, ging es um ein Mädchen, das nach dem Tod ihrer Eltern auf dem Landsitz ihres trübseligen Onkels lebte. Dort entdeckte sie hinter einer abgeschlossenen Pforte einen versteckten Garten, der ihre eigene, kleine Wunderwelt wurde. Ansonsten habe ich die Geschichte weitgehend vergessen, nur an die Entdeckerfreude und diesen Platz nur für sie erinnere ich mich gut.

Es wäre schändlich untertrieben zu behaupten, dass Kinder Höhlen, Spielhäuser und andere Verstecke gern mögen. Sie brauchen solche Plätze, die ihnen allein gehören, wo sie die Regeln bestimmen und die anderen gehorchen müssen. Und sie stellen jede Menge Regeln auf – fast so viele wie wir Großen. Ich gehe als erwachsener Mann durch, aber ein Baumhaus finde ich trotzdem genial. Das Schwierigste am Erwachsensein ist manchmal, so zu tun, als sei man reifer als ein Fünfjähriger, der über seinen eigenen Pups lacht. Kennst du das? Dann bau doch ein Kletter-Tipi und lass die Kids die Regeln bestimmen.

Das Kletter-Tipi ist eigentlich nur eine Art Rankgerüst. Aber mit der Zeit, wenn die Pflanzen es erobern, wird es zum Versteck. Erbsen und Bohnen eignen sich gut, weil die furchtlosen Kletterer das Gerüst in wenigen Monaten erobern. Das Tipi sorgt also nebenbei für eine stetige Versorgung mit frischem, jungem Gemüse. Aus Charlie und die Schokoladenfabrik habe ich nämlich gelernt: Das einzige, was besser ist als eine Wunderwelt – ist eine Wunderwelt die man essen kann.

‹ 1

Sucht zuerst ein geeignetes Grundstück für das neue Eigenheim. Dabei ist einiges zu bedenken, zum Beispiel die Entfernung zu Essen, Wasser und unfreundlichen Nachbarn.

Holt euch was zum Naschen und diskutiert die Sache gründlich. Sprecht über eventuelle spätere **ANBAUTEN** und informiert euch über Denkmalschutz und andere Vorschriften.

2 ›

‹ 3

Stellt einen Antrag beim Bauamt und wartet auf die Genehmigung. Wagt es bloß nicht, vorher mit dem Bau anzufangen!

»

4

Wenn die Genehmigung endlich da ist, ebnet das Grundstück ein und rammt die Enden der Bambusstäbe so in den Boden, dass sie einen großen Kreis bilden. Schutzhelm, Stahlkappenschuhe und Schutzbrille nicht vergessen! Auf der Baustelle geht Sicherheit vor.

Die oberen Enden der Bambusstäbe mit stabiler Schnur zusammenbinden. Jetzt sieht die Konstruktion schon wie ein Tipi aus. Achtet darauf, zwischen zwei Stäben eine größere Lücke einzubauen – als Eingang.

5

6

Jetzt werden Kletterpflanzen an die unteren Enden der Stäbe gesät. Hohe Erbsensorten oder Stangenbohnen eignen sich gut. Leider gedeihen bei uns keine immergrünen Pflanzen, die essbare Früchte tragen.

7

Die Saatstellen regelmäßig begießen, bis sich Blättchen zeigen. Danach müssen die Pflanzen, wie fast alle Gemüsearten, jeden Morgen gegossen werden. Aber dafür sind die jungen Hausbesitzer zuständig, die schon auf den Einzug warten.

ÜBERBLICK

ZEIT

KNOW-HOW

KOSTEN

DU BRAUCHST DAFÜR...

- Einen sonnigen Platz
- Einen Obstbaum deiner Wahl
- Spaten
- Bio-Langzeitdünger
- Gießkanne (und Wasser)
- Gutes Pflanzsubstrat
- 2 Stützpfähle
- Axt oder Vorschlaghammer
- Weiche Schnur
- Stroh oder geschredderte Zweige zum Mulchen

EINEN OBSTBAUM PFLANZEN

EINE LIEBE FÜRS LEBEN

Ein Obstbaum ist ein Freund fürs Leben. Mehr noch, ein Freund für Generationen. Die uralten, knorrigen Obstbäume in den Nachbargärten stehen da schon seit Jahrzehnten. Wahrscheinlich haben Frank, Rita oder Karsten sie gleich nach dem Weltkrieg gepflanzt, als es langsam wieder aufwärts ging. Einen Baum zu pflanzen – das ist doch seit jeher ein Ritual, das mit Hoffnung und Zukunft zu tun hat.

Wenn wir es zulassen, werden diese Bäume uns überleben und noch jahrzehntelang ohne unsere Hilfe auskommen. Diese alten Bäume lassen sich nicht unterkriegen. Ihre Äste hängen über Rasenflächen oder Wege und schenken uns jedes Jahr eine üppige Ernte. Sie sind großzügige, freigebige alte Freunde.

Jeder Baum, den ihr in den Garten pflanzt, kann so ein Freund fürs Leben werden. Und indem man einen Baum pflanzt, gibt man in gewisser Weise auch seiner Wohngegend und dem Stück Land, das man vielleicht nicht für immer bewohnen wird, etwas zurück. Wer Probleme mit dem Loslassen hat, kann einen Baum auch in einen großen Kübel pflanzen und bei einem Umzug einfach mitnehmen. So hat man am neuen Wohnort schon einmal einen alten Bekannten.

So eine Beziehung entwickelt sich natürlich nur, wenn man sich wirklich darauf einlässt. Und das betrifft vor allem die Pflanzung des Baums. Wer dabei ein paar einfache Regeln beachtet, hat gute Karten, denn beim Pflanzen entscheidet sich, ob es eine lebenslange Freundschaft oder nur eine kurze Romanze wird.

‹ 1

Wenn du dich auf diese Beziehung einlässt, reserviere nicht den besten Platz in deinem Garten für den Fall, dass später ein anderer, hübscherer Baum in dein Leben tritt. Lebe in der Gegenwart und gib deinem Baum einen sonnigen, luftigen Platz.

Zuerst musst du ein Loch graben. Ein richtig großes Loch. Durchmesser und Tiefe sollten etwa doppelt so groß sein wie der Wurzelballen deines Baums. Junge Bäume sind noch schwach, und sie wachsen viel besser an, wenn der Boden rings um ihre Wurzeln schön locker ist.

2 ›

3

Wirf eine Handvoll Bio-Langzeitdünger ins Loch. Er versorgt den Baum mit **NÄHRSTOFFEN**.

»

4

Fülle das Loch mit Wasser und lass es im Boden versickern. So wird der Boden etwas weicher, die **JUNGEN WURZELN** können ihn leichter durchdringen und der Baum kann besser Wasser aufnehmen.

5

Mische etwas ausgehobene Erde mit einem Sack Pflanzsubstrat. Fülle die Mischung in das Loch, bis es noch so tief ist wie der Wurzelballen.

6

Jetzt wird der Baum vorbereitet. Schau dir seine Wurzeln an. Wenn sie verdreht oder gegabelt sind, ist das ein Zeichen, dass er zu lange in seinem Plastiktopf stand und sich riesig auf sein neues Leben freut. Schneide gegabelte Wurzeln ab und entwirre Wurzeln, die mehrmals um den Ballen gewickelt sind.

‹ 7

Setze den Baum ins Loch und fülle es mit der Mischung aus Erde und Substrat. Gut andrücken und auf keinen Fall um den Stamm herum einen Hügel aufhaufen.

8

Streu noch ein bisschen Langzeitdünger auf den Boden und begieße den Baum großzügig. Bis er **ANGEWACHSEN** ist, braucht er reichlich Wasser – je nach Pflanzzeit möglicherweise fast täglich.

»

9

Ramme die **STÜTZPFÄHLE** rechts und links vom Baum ein. Halte aber Abstand zu den Wurzeln, damit sie nicht verletzt werden. Und überlege vor dem Rammen auch, ob im Boden vielleicht irgendwelche Rohre verlaufen …

10

Knote ein Stück Schnur um einen Stützpfahl und um den Baum. Mit dem anderen Pfahl wiederholen.

11

Zuletzt wird gemulcht. Verteile eine 5 cm dicke Schicht Stroh oder geschredderte Zweige auf dem Wurzelbereich.

Jetzt hast du einen neuen besten Freund – fürs Leben.

ÜBERBLICK

ZEIT

KNOW-HOW

KOSTEN

DU BRAUCHST DAFÜR …

- Rosenschere
- Papiertüten
- Schraubgläser mit Deckeln
- Permanentmarker
- Messer und Löffel
- Sieb
- Wasser
- Schüssel oder Teller

SAMEN ERNTEN

LEBENDE LEGENDEN

Manchmal strengt sich der Garten richtig an, um auf sich aufmerksam zu machen. Vor allem im Hoch- und Spätsommer erscheinen plötzlich riesige konische Salattürme zwischen weißen, gelben, roten und blauen Blüten. Inmitten dieser Farbenpracht trocknen aber auch abgestorbene Pflanzenteile vor sich hin. Es ist, als ob der Garten uns etwas sagen will. Als ob er sich vorbeugt, die Hand hebt und sagt: »Ernten! Ernten! Ernten!« Die Pflanzen ergeben sich buchstäblich. Und versuch bloß nicht, diese Kapitulation zu ignorieren.

Tatsächlich gibt der Garten klare Signale, wenn die Ernte ansteht. Am Ende der Anbausaison muss man vorausschauend denken. Dazu gehört auch, Samen zu sammeln und für die nächste Saison aufzubewahren. Fangt am besten mit einer Inventur an. Notiert euch, was gut gediehen ist und was ein Flop war. Überlegt, was ihr im nächsten Jahr wieder anpflanzen wollt. Mit jeder neuen Saison hat man ja die Chance, etwas besser zu machen. Und das fängt damit an, dass man das richtige Saatgut wählt.

Geschmack, Aussehen und Konsistenz von allem, was wir auf dem Markt kaufen, ist durch Selektion von Menschen gesteuert worden. Unsere Pflanzen sind genauso domestiziert wie unsere Haustiere, und viele tolle Sorten kann man nirgends mehr kaufen, weil sie sich vielleicht schlecht lagern lassen oder zu schnell (oder zu langsam) wachsen. Konventionelle Tomaten sind rot, weil das angeblich den Erwartungen der Kunden entspricht. Zum Glück gibt es noch Saatgut von alten Sorten, die wesentlich charismatischere Früchte tragen. Wer selbst Samen erntet, kann zur Erhaltung alter Sorten beitragen oder sich von Jahr zu Jahr langsam einem Produkt annähern, das in Geschmack, Größe, Frosttoleranz oder Farbe ganz den eigenen Vorstellungen entspricht. Wer Samen erntet, holt nicht nur mehr aus seinem Garten heraus, sondern spart auf lange Sicht auch Geld.

< 1

Samen bilden sich normalerweise in Früchten oder Samenständen, die nach der Blüte erscheinen. Nehmt euch die Zeit, euch mit euren Gemüsepflanzen vertraut zu machen. Blattgemüse, Wurzelgemüse und Kreuzblütler (wie Kohl) bilden Blüten und später Samenstände. Tomaten, Kürbisse, Zucchini und Gurken bilden Früchte, in denen die Samen sitzen. Falls es euch noch nicht aufgefallen ist: Erbsen und Bohnen haben die leckeren Samen in den Hülsen.

2

Hat die Pflanze **SAMENSTÄNDE** gebildet, schneide sie ab und hänge sie zum Trocknen.

< 3

Wenn die Samenstände getrocknet sind, lassen sich die Samen (viele!) meist leicht herauslösen. Einfach die Samenstände in die Papiertüte stecken und schütteln. Dann zerbröselt das trockene Pflanzengewebe und die harten Samen bleiben übrig – wie beim **DRESCHEN**.

»

4

Die Samen in einem luftdicht schließenden Schraubglas kühl und dunkel aufbewahren. Schreibe Jahr und Art darauf.

Bei Zucchini, Tomaten & Co. ist die Vorgehensweise etwas anders, das Prinzip aber gleich: Samen herauslösen, trocknen und lagern. Eine Gurke beispielsweise wird längs halbiert. Schabe das weiche Fruchtfleisch mit den Kernen aus der Mitte heraus und fülle es in ein Sieb.

5

6

Stell das Sieb unter den Wasserhahn, lass das Wasser laufen und massiere die Samen behutsam. Das Fruchtfleisch löst sich und wird weggespült, die Samen bleiben übrig.

7

Lass die Samen in einer Schussel oder einem Teller trocknen. Nach einem oder zwei Tagen kannst du sie in ein Glas umfüllen.

8

Beschrifte das Glas und stelle es an einen kühlen, trockenen Platz zu seinen Kollegen.

ÜBERBLICK

ZEIT 2 von 2

KNOW-HOW 2 von 2

KOSTEN 2 von 2

DU BRAUCHST DAFÜR …

- Komposter aus Kunststoff
- 70 cm PVC-Rohr, 90 mm Durchmesser
- Handsäge
- Bohrmaschine und Bohrer (10 mm)
- Holzpfahl oder -stab
- Brett (Reststück)
- Hammer
- 2000 Kompostwürmer (im Internet bestellen)
- Gartenabfälle – grüne und braune gemischt

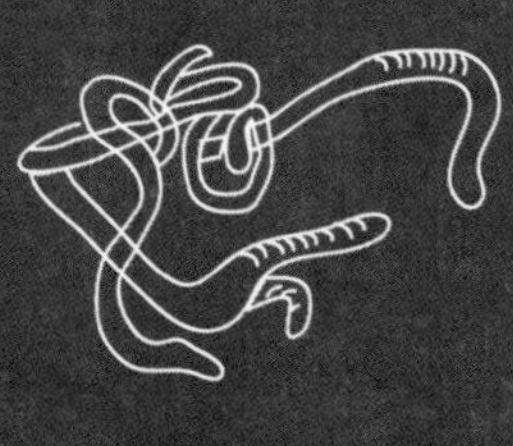

DER ULTIMATIVE KOMPOSTER

UND ALLE HABEN ETWAS DAVON

Es ist immer schwer, zwei gegensätzliche Welten (oder Gruppen von Freunden) zusammenzubringen. Da kann man auf die Idee kommen, dass es einfacher ist, sie getrennt zu lassen. Warum soll man denn auch etwas verändern, das ganz gut funktioniert.

Denk an deine Schulkollegen. Mit ihnen hast du die Pubertät überstanden und die intimen Details deiner ersten großen Lieben geteilt. Etwa das Drama, als du deine Liebste versehentlich auf die Nase geküsst hast. Ihr habt bis heute einen gemeinsamen Nenner, den beispielsweise Arbeitskollegen nicht teilen. Heute seid ihr reifer und auch eure Peinlichkeiten sind raffinierter als versehentliche Nasenküsse. Und doch sind es die Peinlichkeiten, die euch verbinden, denn miteinander könnt ihr ungeniert über die alten und neuen Geschichten reden. Das hat seinen Wert.

Manchmal erkennt man nicht, welchen Wert es haben kann, Dinge zusammenzubringen. Wie die verschiedenen Gruppen von Freunden sind auch Komposter und Wurmkompost zwei effiziente Systeme, die separat bestens funktionieren. Welchen Nutzen soll es also haben, sie unter einen Hut zu bringen? Aber wer nichts wagt, kann nichts gewinnen. Wenn du deine Freunde nicht miteinander bekannt machst, bringst du dich um die Chance eines großen Freundeskreises. Und was Wurmkomposter und Silo angeht, entgeht dir die ultimative Kompostierungsanlage.

Die Würmer zerkleinern das härtere Material, das im Komposter sehr langsam oder gar nicht verrottet. Durch die Kombination aus normaler Verrottung und Wurm-Aktivität werden die Abfälle sehr viel schneller in Kompost umgewandelt. Davon profitiert nicht nur dein Nutzgarten. Du sparst auch Geld, wenn du kein Grünzeug zum Recyclinghof fahren musst. Und die Würmer sind glücklich, weil sie sich den Bauch vollschlagen können. So haben alle etwas davon.

1

Stellt den Komposter auf. Manche Leute glauben, man muss ihn in die Sonne stellen, weil er sich dann erwärmt und der Inhalt schneller verrottet. Das ist aber Unsinn, und auch die Würmer wollen nicht geröstet werden. Besser ist ein Schattenplatz, und wegen der Optik gern ein unauffälliger.

2

Damit die Abfälle nicht faulen und stinken, wird ein **BELÜFTUNGSROHR** eingebaut. So gelangt reichlich Luft (also Sauerstoff) hinein. Das ist wichtig für die Würmer und für den Verrottungsprozess. Miss aus, wie hoch der Komposter ist, und säge ein Stück Rohr zu, das 20 cm länger ist.

3

Zum Sägen legst du das Rohr am besten auf den Boden.

4

Bohre auf ganzer Länge Löcher in das Rohr – gleichmäßig oder ungleichmäßig angeordnet, auf jeden Fall eine Menge. Dadurch wird die **DURCHLÜFTUNG** des Kompostmaterials verbessert und es verrottet schneller

5

Bohre mit einem Stab oder Pfahl ein Loch in die Mitte der Abfälle im Komposter. Es muss so groß sein, dass du das PVC-Rohr aufrecht hineinstellen kannst.

6

Lege das Brett auf das Rohr und hämmere es vorsichtig in den Boden – so tief, dass danach der **DECKEL** des Komposters wieder gut schließt.

7

Dann kannst du die **WÜRMER** in den Komposter setzen. Wir haben mit Entsetzen festgestellt, dass sie sich bestens amüsiert haben. Einfach **FANTASTISCH!** Mehr Abfälle, mehr Kompost, weniger Zeit.

8

Achtet trotz Würmern und Belüftungsrohr darauf, den Komposter mit einer **AUSGEWOGENEN** Mischung aus grünen (nassen) und braunen (trockenen) Abfällen zu füllen.

TOP 5 SCHÄDLINGSBEKÄMPFUNG

Jeder möchte wissen, wie man Schädlingen am besten zu Leibe rückt. Statt aber den Kriegspfad zu beschreiten, ist es manchmal klüger, den Schädlingen ganz friedlich mitzuteilen, dass dein Garten tabu ist. Hier folgen Tipps und Tricks für die Gratwanderung zwischen Krieg und Frieden in der modernen Schädlingsbekämpfung.

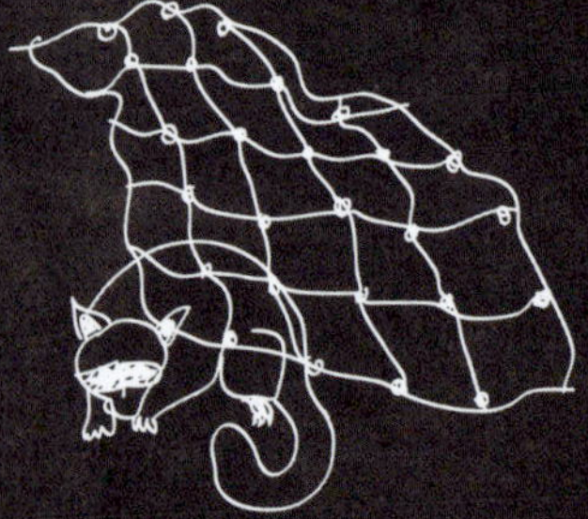

1 NETZE

(KANINCHEN, KOHLWEISSLING, VÖGEL, FAULE RATTEN) Ein Netz, das wie eine Festung um und über das Nutzbeet gespannt wird, kann größere Schädlinge auf Abstand halten. Wenn es gut gespannt ist und nicht durchhängt, haben diebische Vögel relativ wenig Chancen. Und falls die Ratten in der Gegend zur faulen Sorte gehören, finden sie das Netz vielleicht abschreckend genug, dass sie sich lieber in anderer Leute Gärten umsehen. Spannt man engmaschige Netze über Jungpflanzen, können keine Kohlweißlinge landen und Eier ablegen, aus denen sich später nimmersatte Raupen entwickeln. Allerdings können sie in der Nähe Eier legen, und dann krabbeln die Raupen unter dem Netz durch … Falls euch die fetten Raupen Ärger machen, schaut bei Tipp 5 nach.

2 GIESSEN

(ALLE SCHÄDLINGE) Wir warnen immer wieder, dass man möglichst nicht abends gießen soll, denn das ist eine Einladung an Schädlinge aller Art. Einerseits nehmen die Pflanzen bei Dunkelheit weniger Wasser auf. Andererseits kommen die Schädlinge – auch die, die nicht im Garten leben – im Schutz der Dunkelheit heraus, um zu fressen. Wenn der Garten abends bewässert wird, hängt der verlockende Duft der Pflanzen, die in ihm wachsen, in der Luft.

Viel besser ist es, die Pflanzen früh am Morgen zu gießen. Wir wissen, dass es schwierig ist, sich solche Gewohnheiten zuzulegen, aber ihr wollt ja die Pflanzen versorgen und nicht die Schädlinge. Bei einer großzügigen Dusche mit dem Schlauch geht viel Wasser auf die Blätter, und nasse Blätter locken Schädlinge an. Viel effektiver ist eine Tropfbewässerung, die das Wasser direkt in den Wurzelbereich befördert.

3 BIO-ÖL

(WEISSE FLIEGE, BLATTLÄUSE) Saugende Schädlinge wie weiße Fliegen und Blattläuse machen vor allem im Frühling Ärger. Bei hoher Luftfeuchtigkeit, etwa an warm-regnerischen Tagen, fühlen sie sich besonders wohl. Statt nun zu jammern und den Befall persönlich zu nehmen, verdirb ihnen einfach den Spaß. Dafür eignet sich eine Spritzung, zum Beispiel mit Bio-Öl. Altmodische Knoblauchbrühe wirkt auch recht gut, riecht aber stärker und muss zur richtigen Zeit gespritzt werden: weder an heißen, sonnigen Tagen noch bei Regen. Eine Spritzung reicht selten aus. Stell dich darauf ein, dass ein paar Tage nach der ersten Behandlung eine zweite fällig ist.

4 HYGIENE

(ALLE SCHÄDLINGE) Wir alle wissen aus Erfahrung, dass gute Hygiene gute Dinge nach sich zieht – und schlechte Hygiene eben weniger gute. Das ist im Garten nicht viel anders. Dabei ist es keine große Sache, ihn einigermaßen sauber zu halten. Er muss ja nicht blitzen. Ihr müsst abgestorbene Pflanzen oder Pflanzenteile regelmäßig beseitigen, den Boden mulchen, rechtzeitig ernten und Pflanzen bändigen, die sich zu breit machen und andere bedrängen. Ach ja, und natürlich morgens gießen. In einem sauberen Garten finden Schädlinge weniger Nahrung. Die Pflanzen wachsen kräftig und gesund, sind also widerstandsfähiger gegen Krankheiten.

5 DIPEL

(KOHLWEISSLING) Die kleinen Falter sind hübsch, aber gegen ihre grünen Raupen muss sich jeder Gemüsegärtner wappnen. Sie treten gern in Scharen auf und es liegt in ihrem Wesen, dass einige über kurz oder lang Netze und andere Festungsanlagen überwinden. Irgendwann hat jeder einmal mit diesem gefräßigen Pack zu tun. Wenn nur wenige Raupen am Werk sind und sich der Schaden in Grenzen hält, kann es genügen, sie abzusammeln und zu vernichten. Bei starkem Befall hilft oft nur eine Spritzung mit Dipel. Das Mittel enthält natürlich auftretende Bakterien, die Raupen angreifen. Allerdings können die Bakterien nicht zwischen harmlosen und schädlichen Raupen unterscheiden und machen allen den Garaus. Ein gewisses Maß an Kollateralschäden muss man dann wohl zugunsten des Gartens in Kauf nehmen.

PROJEKTLISTE

WOCHENENDE

TOP 5

IN DER KÜCHE

Die Menschheit verändert sich ständig, und viele Veränderungen scheinen damit zusammenzuhängen, was wir essen und trinken. Wir essen mehr und werden größer. Oder dicker – je nachdem, was wir uns in den Rachen werfen. Ich hoffe sehr, dass niemand von euch den Rachen mit einem Müllschlucker verwechselt (obwohl man mir das gelegentlich vorwirft).

Wir essen zwar mehr als früher, aber die Zubereitungsformen haben sich nicht nennenswert verändert, weil unser kulinarisches Repertoire sich in eingefahrenen Bahnen bewegt. Tomaten landen im Salat, Zucchini in Bratlingen, Gurken vielleicht noch im Essigsud. Alte Gewohnheiten sind hartnäckig, ganz besonders in der Küche.

Gerade in der Küche sind Veränderungen schwer durchzusetzen, weil Essen so viel mit Wohlbefinden zu tun hat. Wenn das ganze Leben kompliziert und anstrengend ist, gehe ich in die Küche und koche alte Rezepte, um wieder ins Lot zu kommen. Es kostet auch Mut, mit Erfindergeist und Experimentierfreude in der Küche zu hantieren, weil beim Improvisieren leicht etwas schief gehen kann. Natürlich ist alles prima, wenn am Ende etwas Leckeres herauskommt, aber manchmal muss man regelrechte Schweinereien veranstalten, um Lob für seine kulinarischen Kreationen zu ernten.

Zwischen dem Nutzgarten und der Küche besteht eine enge Beziehung. Der Garten liefert das Material für kulinarische Genüsse, die letztlich die Belohnung für all die harte Gartenarbeit darstellen. Die Aussicht auf leckere Mahlzeiten kann also motivieren, den Garten in Ordnung zu halten. Und die Freude an leckeren Mahlzeiten wiederum kann dazu motivieren, den Garten in der nächsten Saison noch besser zu pflegen. Je mehr ihr über das Gärtnern wisst, desto besser werden die Zutaten, die in die Küche und letztlich auf den Teller wandern. Insofern sind Küche und Garten ideale Trainingspartner. Wenn eins besser wird, zieht es das andere mit.

Im letzten Kapitel dieses Buchs dreht sich alles ums Essen: Zubereitung, Konservierung und saisonale Küche. Stürzt euch in die Projekte und lasst auch die Kinder mitmachen. Sie können gar nicht früh genug lernen, wie spannend das Kochlabor sein kann. Und wenn es brodelt, kleckert und spritzt, sind sie sowieso immer gern dabei. Also vergesst die Vorsätze von einer blitzblank geputzten Wohnung. Vielleicht kommt bei den Kochexperimenten ja eine wunderbare neue Erfindung heraus.

WOCHEN-ENDE

ÜBERBLICK

ZEIT

KNOW-HOW

KOSTEN

DU BRAUCHST DAFÜR ...

- Kochtopf (groß!)
- Schraubgläser mit Deckeln
- 1–1,5 kg rote Bete
- 750 ml Wasser
- 500 ml Weißweinessig
- 220 g Zucker
- 1 Prise Salz
- Kochtopf (mittelgroß)
- Gemüsehobel
- Pro Glas mit 500 ml Volumen:
  - 1 Esslöffel Korianderkörner
  - 1 Esslöffel Senfkörner
  - 4–5 Gewürznelken
- Etiketten
- Filzstift

EINFACH EINMACHEN

OMAS 3-2-1-REZEPT

Ab und zu steht man vor einer wahren Ernteschwemme und fragt sich, was man mit all dem Gemüse anfangen soll. Ihr habt es gekocht, gebacken, blanchiert, aber der Nachschub hört einfach nicht auf. Keine Panik, dafür gibt es eine Lösung.

Viele Gemüsesorten kann man in Essiglake einlegen. Sie schmecken gut und sind lange haltbar – sehr praktisch als Vorrat für magere Zeiten. Wer saisonal kocht, sollte ruhig lernen, reiche Ernten wie in der guten alten Zeit zu konservieren, um zu anderer Zeit, wenn der Garten wenig abwirft, ein bisschen Sommer auf den Tisch zu bringen.

Nun ist das mit dem Einmachen so eine Sache. Es gibt ungefähr so viele Theorien und Rezepte wie Unterhosenfarben. Darum wollen wir etwas Licht ins Dunkel bringen und unsere Lieblingsmethode erklären: Omas 3-2-1-Rezept.

Omas können meisterhaft einmachen, aber es liegt ihnen nicht, sich strikt an Rezepte zu halten. Als wir versuchten, ihr das Rezept zu entlocken, verwirrte sie und mit Maßangaben wie »ach, ungefähr so viel« oder »kommt drauf an«. In mühevoller Kleinarbeit haben wir sie weich gekocht und etwas klarere Ansagen bekommen.

Das Wichtigste beim Einmachen ist Sauberkeit. Schließlich werden die Lebensmittel in Gläser eingesperrt, damit sie sich lange halten. Da ist es nicht zuträglich, wenn Bakterien & Co. in die Gläser gelangen. Wer einmacht, sorgt für die Nachwelt, und das ist eine Verantwortung, die man ernst nehmen muss. Nur dann bewahrheitet sich nämlich die Weisheit, dass manche Dinge mit dem Alter besser werden.

1

Bevor es ans Gemüse geht, werden die Gläser und Deckel einige Minuten in einen großen Topf mit kochendem Wasser gelegt, um sie zu **STERILISIEREN**. Für Lebensmittel, die sich monatelang halten sollen, ist eine saubere Arbeitsumgebung wirklich wichtig.

2

Jetzt die roten Bete gründlich **ABSPÜLEN**. Geschält werden sie jetzt noch nicht. Kleine können ganz bleiben, größere solltet ihr halbieren oder – je nach Format – sogar vierteln, damit sie gleichmäßig gar werden.

3

Wasser in dem großen Topf aufkochen, die Rote-Bete-Stücke hineingeben und ungefähr 10–15 Minuten bei mittlerer Hitze kochen.

»

< 4

In der Zwischenzeit den Sud zum Einlegen vorbereiten. Ihr braucht so viel Flüssigkeit, dass das Gemüse in den Gläsern ganz bedeckt ist. Statt jetzt das Volumen der roten Bete vom Volumen der Gläser zu subtrahieren (verwirrend, oder?), bereitet einfach so viel Sud zu, dass ihr die leeren Gläser damit füllen könnt. Wir haben 3 Tassen Wasser, 2 Tassen Weißweinessig und 1 Tasse Zucker (plus eine Prise Salz) genommen.

5 >

Die Mischung in einem Topf 5 Minuten kochen, bis der Zucker aufgelöst ist. Dabei oft umrühren, damit der Zucker nicht anbrennt. Wenn ihr mehr Sud braucht, erhöht einfach die Mengen, aber haltet das Verhältnis 3-2-1 ein.

< 6

Kontrolliert jetzt, ob die Roten Bete gar sind. Die Stücke sollen so weich sein, dass sich die Schale mit einem Messer leicht durchstechen lässt, aber in der Mitte noch etwas Widerstand bieten. Rote Bete **AL DENTE** sozusagen. Im Zweifelsfall ist es besser, wenn sie relativ fest sind. Bitte nicht matschig kochen.

7

Die Stücke unter kaltem Wasser abspülen und dabei die Schale mit den Fingern abstreifen. Das ist einfacher als sie vor dem Kochen zu schälen, außerdem vermeidet ihr so hartnäckige Flecken auf der guten Granit-Arbeitsfläche. Für Oma ist der Geschmack ihrer Konserven so wichtig wie eine blitzsaubere Küche.

8

Die Stücke mit einem Gemüsehobel in 2-3 mm dünne Scheiben schneiden. Wer möchte, kann dafür auch ein Messer mit langer, scharfer Klinge nehmen. Wenn man sich dabei allerdings schneidet, lässt sich das Blut nicht vom Rote-Bete-Saft unterscheiden.

9

Jetzt kommen die Gewürze in die Gläser. Wir rechnen für ein Glas mit 500 ml Volumen je einen Teelöffel Korianderkörner und Senfkörner, außerdem 4-5 Gewürznelken und zwei nicht zu kleine Stücke Zitronenschale.

»

10

Die Rote-Bete-Scheiben in die Gläser geben und bis knapp unter dem Rand mit dem Einlegesud aufgießen.

11

Die Deckel fest zuschrauben. Vergesst nicht, auf die Gläser zu schreiben, was drin ist und wann es zubereitet wurde.

12

Damit sich in den Gläsern ein Vakuum bildet, stellt sie auf den Kopf, bis sie kalt sind.

13

Mit der Zeit nehmen die Roten Bete das Aroma der Gewürze im Sud an. Je länger sie durchziehen dürfen, desto besser schmecken sie – also bitte etwas Geduld. Stellt die Gläser mindestens 2 Wochen an einen kühlen, dunklen Platz, bevor ihr euch die erste Kostprobe gönnt. Bewahrt geöffnete Gläser im Kühlschrank auf.

ÜBERBLICK

ZEIT

KNOW-HOW

KOSTEN

DU BRAUCHST DAFÜR…

- 45 g grüne Bio-Linsen
- Einmachglas (1 l) mit Schraubring
- Wasser
- Käseleinen (oder Tüll)
- Mittelgroße Schüssel
- Luftdicht schließende Kühlschrankbox

KEIMSPROSSEN

KNACKFRISCH AUS DEM GLAS

Wenn es Herbst wird, ziehen wir uns gern in die Komfortzone zurück. Wir haben Appetit auf herzhafte Mahlzeiten, und dafür gibt es im Garten noch einiges zu holen. Kürbisse und Kartoffeln werden jetzt geerntet und, wenn es viele sind, eingelagert. Kohl kann noch bis in den Winter im Beet bleiben. Wer bewusst saisonal isst, wird aber knackig-frisches, junges Gemüse vermissen.

Dem lässt sich mit Keimsprossen leicht abhelfen – allerdings muss man den Genuss gar nicht auf den Winter beschränken. Frische Sprossen kann man rund ums Jahr ziehen, und sie schmecken immer, genau wie marinierter Ziegenkäse. Im Gegensatz zum Käse sind die kleinen Sprossen aber auch enorm gesund – das ist wissenschaftlich bewiesen. Sie sind leicht verdaulich und stecken voll mit Proteinen, Vitaminen, Mineralstoffen und Aminosäuren.

Wie so oft in der kulinarischen Welt ist das Produktangebot verwirrend groß. Man kann jede Menge Saatmischungen zum Keimen kaufen, außerdem allerlei coole Gerätschaften. Ich mag es aber lieber einfach und unkompliziert. Generell kann man sagen, dass große Samen leichter keimen als kleine. Für einen ersten Versuch empfehle ich Linsen, weil sie nicht viel kosten und wirklich überall zu bekommen sind.

1

Die Linsen in das Schraubglas füllen und ungefähr 2 Tassen Wasser dazu gießen. Ihr könnt gewöhnliche Linsen nehmen, sofern es ganze sind.

2

Das Käseleinen über die Öffnung des Glases legen. Ein Rest von einer Tüllgardine erfüllt denselben Zweck. Den Ring auf das Glas schrauben – er hält das Gittergewebe fest. Wenn du keinen Tüll hast, kannst du die Linsen auch auf einem feinen Sieb abgießen.

3

Um die Linsen zu waschen, schwenkst du einfach das Glas. Danach das Wasser durch das Käseleinen abgießen und gleich noch einmal gut durchspülen und abgießen.

»

4

Nach der zweiten Spülung füllst du wieder Wasser ins Glas. Lass es über Nacht stehen. Am nächsten Morgen die Linsen abgießen, spülen und wieder abgießen.

Wenn die Linsen gut abgetropft sind, stell das Glas schräg kopfüber in eine kleine Schüssel. Ab jetzt werden sie jeden Morgen und Abend einmal durchgespült, abgegossen und kopfüber in die Schüssel gestellt.

5 ›

‹ 6

Innerhalb weniger Tage bilden sich Keimsprossen. Ihr könnt sie **SOFORT ESSEN** oder etwas größer werden lassen. Das hängt von eurer Geduld und eurem Geschmack ab.

‹ 7

Wenn die Sprossen groß genug sind, schüttet sie auf ein Stück trockenes Küchenpapier und tupft sie vorsichtig ab.

Bewahrt die Sprossen in einer gut schließenden Box im Kühlschrank auf. Legt unten in die Box ein Stück Küchenpapier, das überschüssige Feuchtigkeit aufsaugt. Die Sprossen halten sich im Kühlschrank etwa 5 Tage. In dieser Zeit kann schon die nächste Portion keimen, damit der Nachschub nicht abreißt.

8 ›

Sprossen schmecken zu fast allen Mahlzeiten. Bei Heißhunger auf etwas Frisches kann man sie auch pur aus der Hand knabbern.

ÜBERBLICK

ZEIT ⏱⏱⏱

KNOW-HOW

KOSTEN

DU BRAUCHST DAFÜR …

- Samen
- Anzuchtschale
- Anzuchtsubstrat
- Schlauch mit Brause oder Sprühflasche
- Mini-Gewächshaus (im Winter)
- Schere

MIKROGEMÜSE

FÜR DIE ERSTKLASSIGE KÜCHE

Wenn du gern für deine Kochkünste Komplimente einheimst, ist es wichtig, ständig dein Repertoire zu erweitern und zu verfeinern. Jeder private Küchenchef weiß doch, dass die freundlichen Worte schnell ausbleiben, wenn der Speisezettel langweilig wird. Da hilft nur eins: Du musst die Gäste beeindrucken, indem du immer auf der Höhe der Trends bist. Das ist nicht ganz leicht, weil Trends atemberaubend schnell wechseln können. Aber Mikrogemüse ist immer noch angesagt.

Manchmal kommen Kunden in den Laden und wollen Samen für Mikrogemüse kaufen. Ihnen scheint nicht klar zu sein, dass Mikrogemüse nichts weiter ist als normales Gemüse, das ganz jung geerntet wird. Statt ihnen das aber brutal ins Gesicht zu sagen, geben wir ihnen die Samen der gewünschten Sorte, und dann sollen sie selbst sehen, wie sie den Zwergenwuchs zustande bringen.

Mikrogemüse wird wenige Wochen nach der Keimung der Samen geerntet. Es schmeckt im Prinzip wie das ausgewachsene Gemüse, nur viel feiner und raffinierter. Außerdem haben die jungen Pflänzchen einen wunderbar zarten Biss.

Der Anbau von Mikrogemüse ist kinderleicht. Sorte wählen, säen, und wenn die Samen gekeimt und das erste echte Blattpaar gebildet haben, ernten. Lässt man Gemüse im Garten ausreifen, hat man gelegentlich mit Schädlingen oder Krankheiten zu kämpfen. Bei Mikrogemüse treten solche Probleme wegen der kurzen Wachstumszeit so gut wie nie auf. Man muss sie nicht einmal vereinzeln, denn wenn sie die entsprechende Größe erreicht haben, wandern sie direkt in die Küche.

1

Eine ganze Reihe von Gemüsearten eignet sich gut für die Kultur als Mikrogemüse, beispielsweise Senf, Endivie, Tatsoi, Radieschen, Brunnenkresse, Spinat, Erbsen, Kohl und Basilikum. Alle keimen schnell und bieten eine interessante Geschmacksvielfalt.

‹ 2

Die Anzuchtschale wird mit Substrat gefüllt. Spezielles Anzuchtsubstrat enthält Sand oder andere Zusatzstoffe und ist noch durchlässiger als normales Substrat. Das ist wichtig, weil die Samen oft begossen werden müssen

»

3

Dann geht es weiter wie immer bei der Aussaat. Die Samen in der Schale verteilen und mit einer Schicht Substrat bedecken, die ungefähr so dick wie der halbe Durchmesser der Samen ist. Die Abstände spielen keine Rolle, weil die Pflänzchen so klein geerntet werden, dass sie sich nicht bedrängen. Stelle die Schale in kalten Monaten in ein Mini-Gewächshaus, das du tagsüber in die Sonne stellst und nachts ins Haus holst.

4

Jetzt müssen die Samen feucht gehalten – aber nicht ertränkt – werden. Gib ihnen mehrmals am Tag mit Schlauch oder Sprühflasche eine weiche, kurze Dusche.

5

Wenn die Samen keimen, bilden sie zuerst zwei Keimblätter. Danach folgen die ersten beiden echten Blätter. Das dauert meist 2–3 Wochen. Die Keimblätter sehen anders aus und verwelken schnell, wenn die ersten echten Blätter gebildet wurden.

6

Sobald die **ECHTEN BLÄTTER** erscheinen, kannst du zur Schere greifen und ernten.

7

Und wenn alle abgeerntet sind, kannst du von vorn anfangen. Wenn du ungefähr wöchentlich eine Portion säst, ist der regelmäßige Nachschub an hübschen kleinen Blättchen gesichert. Sie eignen sich bestens als **GARNIERUNG**, aber nicht gegen Bärenhunger.

ÜBERBLICK

ZEIT

KNOW-HOW

KOSTEN

DU BRAUCHST DAFÜR …

- Kleine Helfer
- 250 g Erdbeeren
- Andere Beeren, die gerade zu haben sind
- 2 große Handvoll Minzeblätter
- 2 große Handvoll Steviablätter (bei Bedarf)
- 2 Kochtöpfe
- 2 l Wasser
- Sieb
- Formen für Eis am Stiel

Tipp: Stevia ist eine unkomplizierte Pflanze und ein gutes natürliches Süßungsmittel. Sie ist für das Rezept aber nicht unbedingt nötig, ihr könnt sie auch weglassen.

EIS FÜR ALLE

NACHSCHLAG OHNE SCHLECHTES GEWISSEN

Eis war ungefähr das dritte Wort, das meine kleine Tochter Emiliana sprechen konnte. Mama war das zweite. Was das erste war, könnt ihr euch wohl denken …

Wie wichtig Eis im Leben eines Kinds ist, sieht man daran, dass das Wort einen festen Platz in ihrem Wortschatz hatte – noch vor Oma und Opa, vor Hunger und Durst. Kinder lieben Eis am Stiel dermaßen, dass sich Eltern, Onkel, Tanten oder Freunde darauf einrichten müssen, dass sie nichts abbekommen.

Eltern kennen die Macht eines Eislutschers. Er ist ein wertvolles Gut, mit dem sich selbst die teuflischsten Momente ausbügeln lassen. Es ist eine Art Universaljoker, und nicht einmal ein teurer. Die Macht von Eis am Stiel kann man mit einem Salzwasserkrokodil vergleichen. Das gefährliche Ende ist der Kopf, aber wenn man glaubt, daran vorbei zu sein, dann kommt noch der Schwanz. Und der – klatsch! – kann auch ganz schön zuschlagen. Wie ein Kind, das zu viel Süßes gegessen hat.

Das Gute (und Gefährliche) an normalem Eis ist der Zucker: für Kinder ein echter Suchtstoff. Darum sind sie so wild auf Eis am Stiel. Es gibt aber eine andere Lösung. Mit natürlichen Zutaten aus dem eigenen Garten kann man Eis am Stiel machen, das rundherum gut ist und bei dem kein dickes Ende nachkommt.

1

Trommelt die kleinen Helfer zusammen. Wir gehen auf Schatzsuche. Die Mission lautet, Erdbeeren, Minze und Stevia mitzubringen. Damit genug Früchte zusammenkommen, pflückt am besten vorher welche, denn wenn die Kids Erdbeeren ernten, wandern viele in den Mund.

2

Breite alle Zutaten richtig eindrucksvoll aus. Dann erkennt jeder, der zufällig vorbei kommt, dass du Großes vorhast.

3

Kelchblätter abschneiden, Erdbeeren vierteln.

4

Stevia und Minze grob hacken und mit dem Wasser in einen Topf geben. Aufkochen, dann 5–10 Minuten leicht **KÖCHELN** lassen, damit die Geschmacksstoffe aus Stevia und Minze gelöst werden. In dem Sud werden später die Erdbeeren gegart.

5

Die Erdbeeren in einen anderen Topf geben. Stevia und Minze abgießen und den Sud zu den Beeren geben.

6

Jetzt muss die Mischung kochen, und du musst ständig rühren. Nach etwa 15–20 Minuten ist sie auf die Hälfte reduziert. Es sollte etwa 1 Liter Fruchtpüree sein. Nimm den Topf vom Herd und lass das Püree abkühlen, bevor du es in die Eisformen gießt.

‹ 7

Wenn die Mischung zimmerwarm ist, kannst du die **EISFORMEN** damit füllen. Wahrscheinlich bleibt noch ein großzügiger Rest Fruchtpüree im Topf übrig, den deine kleinen Helfer gern auslöffeln werden.

Stelle die Formen über Nacht in den Tiefkühler. Am nächsten Tag sind die **NATÜRLICHEN, LECKEREN EISLUTSCHER** fertig, und sie können mit allen gekauften locker mithalten.

8 ›

‹ 9

Eis am Stiel schmeckt am besten, wenn man ein funkelnagelneues Shirt anhat!

ÜBERBLICK

ZEIT

KNOW-HOW

KOSTEN

DU BRAUCHST DAFÜR …

- 500 g Erdbeeren (oder andere reife, weiche Früchte)
- 2 mittelgroße Rührschüsseln
- 440 g Zucker
- Frischhaltefolie
- Käseleinen oder feines Sieb
- Löffel
- 500 ml Balsamico-Essig
- Schneebesen
- Glas oder Flasche mit Deckel
- Trichter (bei Bedarf)

ERFRISCHENDE ESSIG-DRINKS

FANG DEN GESCHMACK DES SOMMERS EIN

Ab und zu tausche ich mich mit Freunden in den USA aus, um zu hören, was da los ist. Oft erzählen sie verrückte Fantasiegeschichten von schnellem Internet, Elektroautos oder Technologie zum Anziehen. Ich höre zu und schmunzle über ihre Science-Fiction-Märchen, aber ich mag die Jungs trotzdem. Was Gastro-Trends angeht, haben Portland und Seattle aber die Nase vorn. Nicht, dass die Leute dort Neues erfinden. Meist graben sie uralte Techniken aus. Berufe aus dem 18. Jahrhundert sind wieder groß im Kommen, und jeder Hans und Franz ist heutzutage Fleischer, Brauer oder Schnapsbrenner. Natürlich war es auch ein Freund aus Seattle, der mir Shrub erzählte.

Shrub ist ein gesüßter Fruchtsirup mit Essig, der im 18. Jahrhundert in England und Amerika hoch im Kurs stand. Damals war dies die einzige Möglichkeit, den Fruchtgeschmack des Sommers für den Winter zu konservieren. Als sich Kühlschränke und industriell hergestellte Fruchtsirups durchsetzten, geriet Shrub in Vergessenheit. Der Essig spielt, ähnlich wie Zitronensäure, eine Rolle für die Haltbarkeit und gibt dem gesüßten, hochkonzentrierten Sirup einen erfrischenden, ausgewogen süßsauren Geschmack.

Früher benutzte man Shrub zum Aromatisieren von Cocktails oder verdünnte ihn einfach mit Sodawasser. Heute schmeckt er toll in Cocktails oder mit Wasser verdünnt. Die Kunst besteht darin, die richtige Mischung zu finden. Shrub besteht zwar nur aus drei Zutaten – Früchte, Essig und Zucker – aber die Variationsmöglichkeiten sind endlos. Probiert mal Süßkirschen mit Balsamico, Gurke mit Minze und Weißweinessig oder Erdbeeren mit schwarzem Pfeffer und Rotweinessig. Ihr könnt es euch auch leichter machen: Probiert unser Grundrezept aus, und wandelt es dann nach Lust und Laune ab.

1

Zuerst eine Obstsorte aussuchen. Dazu ist es unbedingt nötig, sie ausgiebig zu **PROBIEREN**. Reife, weiche Beeren könnt ihr mit den Händen zerdrücken. Steinobst wird entsteint, Erdbeeren solltet ihr in Stücke schneiden.

2

Die Früchte in eine Schüssel geben und den Zucker einrühren. Alle Fruchtstücke müssen umhüllt sein.

3

Die Schüssel mit Frischhaltefolie abdecken und einige Tage in den Kühlschrank stellen. Der Zucker entzieht den Früchten Saft.

4

Wenn die Mischung wie stückiger Sirup aussieht, wird sie abgeseiht. Leg eine saubere Schüssel mit Käseleinen aus und gieße die Früchte hinein.

»

5

Nimm die Ränder des Käseleinens zusammen und presse den Fruchtbrei gründlich aus, bis kein Tropfen mehr aus dem Bündel kommt. Fang den **SIRUP** in einer sauberen Schüssel auf.

6

Gib auch den Zucker, der sich am Schüsselboden abgesetzt hat, zum Sirup.

7

Gib nun einen Essig deiner Wahl dazu. Wir haben uns für einen Balsamico entschieden. Nimm am besten einen Essig, der zum Geschmack der Früchte passt. Die Mischung mit dem Schneebesen **RÜHREN**, bis der Zucker aufgelöst ist.

‹ 8

Fülle die Flüssigkeit in ein sauberes Glas oder eine Flasche (bei Bedarf mit Trichter). Zuschrauben, schütteln und in den Kühlschrank stellen.

9 ›

Schau ab und zu nach, ob sich ein Bodensatz bildet. Wenn ja, **KRÄFTIG SCHÜTTELN**! Mit der Zeit löst sich der Zucker in der Saft-Essig-mischung vollständig auf.

‹ 10

Shrub kann sofort verwendet werden, aber mit der Zeit wird sein Aroma immer besser. Am besten probiert ihr ihn jede Woche. Weil er sehr konzentriert ist, genügen in paar Tropfen in einem Drink. In einer fest verschlossenen Flasche hält er sich im Kühlschrank etwa ein halbes Jahr.

TOP 5

DIE ERNTE KONSERVIEREN

Den ersten Kuss oder den perfekten Sommertag kann man nicht festhalten, aber wer konservieren kann, hat eine Zeitmaschine, die ihn an mageren, grauen Wintertagen wieder in die Zeit der üppigen Ernte transportiert. Natürlich ist das Konservieren auch die Rettung, wenn man von einer Ernteschwemme erschlagen wird. Seit die Menschen essen, konservieren sie ihre Lebensmittel. Dies sind unsere Lieblingsmethoden.

1 SAUER EINLEGEN

Lange Zeit dachte ich, dass dies eine komplizierte Methode ist. Dann fiel der Groschen: Es ist einfach! Fast alles kann – und sollte – eingelegt werden. Fangt am besten mit einem einfachen Grundrezept an, zu dem nur Zucker, Essig, Waser und Salz nötig sind. Danach könnt ihr experimentieren. Mit so wenigen Zutaten zu arbeiten ist kein Nachteil. Im Gegenteil, dadurch ergeben sich tolle Möglichkeiten zum Feintuning. Probiert es mal mit etwas mehr Zucker, oder experimentiert mit verschiedenen Gewürzkombinationen. Von Kardamom und Nelken über Senf bis zu Pfefferkörnern – eigentlich kann man gar nichts falsch machen. Also traut euch!

Dies ist definitiv die älteste Konservierungsmethode, und wahrscheinlich wurde sie durch Zufall entdeckt. Vermutlich ließ Urg aus dem Bärenhöhlen-Clan die Pilze zu lange in der Sonne liegen und entdeckte dann, dass sie zwar leichter waren, aber immer noch gut schmeckten. Seitdem hat sich nicht viel verändert. Wir sind nur weniger behaart und können Zubehör kaufen, mit dem das Trocknen schneller geht.

Ob in der Sonne oder in einem raffinierten Dörrgerät: Das Trocknen ist eine der besten Methoden, um Fleisch und Gemüse zu konservieren und aus vertrauten Lebensmitteln mehr herauszuholen. Nüsse und Samen beispielsweise sind viel besser verdaulich, wenn man sie einweicht und dann trocknet.

2 TROCKNEN / DÖRREN

3 MARMELADE

Marmelade ist eine der besten Möglichkeiten, Obst zu konservieren. Selbst gekochte Marmelade bereichert den Frühstückstisch und ist auch als Mitbringsel ausgesprochen beliebt. Einfach eine Schleife ums Glas binden und Lob einheimsen. Marmelade mag jeder, und man braucht dafür keine komplizierten Zutaten: nur Früchte, Zucker und Zitrone. Eine gute und ganz einfache Möglichkeit, um den Geschmack des Sommers in die Wintermonate hinüberzuretten. Und sie schmeckt ja nicht nur auf Brötchen. Man kann sie in Quark und Joghurt rühren, Kuchen und Plätzchen damit füllen – oder einfach einen Löffel naschen.

Milchsauer vergorener Kohl ist keine bajuwarische Erfindung. In der einen oder anderen Form gibt es ihn in vielen Ländern. Kein Wunder, denn er ist leicht zuzubereiten und schmeckt lecker. Für Seefahrer früherer Zeiten konnten kein frisches Gemüse auf ihre Reisen mitnehmen – wohl aber Sauerkraut, das obendrein vor Skorbut schützte. Skorbut ist heute kein Problem, aber probiotische Bakterien, zum Beispiel im Joghurt, tun uns gut. Sauerkraut enthält jede Menge dieser gesunden Bakterien. Für ganz simples Sauerkraut braucht man nur gehobelten Kohl und Salz in einen Steinguttopf zu schichten. Das Salz entzieht dem Kohl Flüssigkeit, und in den Blättern vorhandene Bakterien setzen die Milchsäuregärung in Gang. Unkompliziert, zuverlässig, gesund und vor allem lecker.

4 SAUERKRAUT

5 TOMATENSAUCE

Selbst gekochte Tomatensauce ist mit nichts zu vergleichen, was man im Laden kaufen kann. Das Rezept ist einfach: Tomaten, Basilikum und ein bisschen hiervon und davon. Allerdings ist etwas Technologie im Spiel. Ihr braucht ein Gerät zum Abfüllen in Flaschen und eine flotte Lotte. Das ist ein mechanisches Gerät, das gekochte Tomaten frisst und eine sämige Sauce – ohne Kerne und Schalen – wieder ausspuckt. Von der Technik mal abgesehen ist die Kochaktion mindestens so wichtig wie das Endprodukt. Wir machen immer ein Familienfest daraus, und für uns ist es der Inbegriff von Sommer, wenn Oma den Kochlöffel wie ein Zepter schwenkt und ihr fünftes Glas Rosé vernichtet – so gegen 11 Uhr morgens.

DANK

Wir möchten all den tollen Leuten bei Hardie Grant danken – Hannah Koelmeyer, Mark Campbell, Lucy Heaver, Todd Rechner und Paul McNally. Danke, dass ihr all unsere spontanen Ergänzungen und Änderungen so gelassen hingenommen habt. Danke, dass ihr uns behutsam blöde Ideen ausgeredet und gute Ideen gefördert habt. Wir waren von der Zusammenarbeit begeistert und freuen und auf eine lange, engagierte und freundschaftliche Zukunft. Für uns alle. Für immer. Nur nicht für Paul.

Besonderen Dank an Hannah Koelmeyer, die einen gleichermaßen guten Blick für Gemüse und für Bücher hat. Ohne sie wäre das Buch nicht gelungen – oder sähe nicht so gut aus.

Dank an den Fotografen John Laurie, der die Geschichte in Bildern erzählt, und bei dem jedes Bild – jedes Mal! – auf Anhieb saß. Dank an Tom, unseren Arbeitsplatzinspektor, Substratspezialisten und noch mehr. Was du getan hast, hast du voller Stolz getan.

Dank an den Layout-Guru Kate Barraclough. Dies hätte ein sehr trocknes Buch werden können, aber du hast dafür gesorgt, dass es lustig und anschaulich ist.

Dank an unsere liebe Illustratorin Maxine Chaplin, die uns immer rettet, wenn uns die Worte fehlen, und die Werkzeugmaschinen so niedlich zeichnet, dass man sie streicheln möchte.

Besonderen Dank an Susie Ashworth für ihre übernatürliche Aufmerksamkeit, wenn es um Schraubengrößen und andere Details geht. Danke fürs Bügeln unserer Texte und für ein Maß an Geduld, dass wir gar nicht verdient haben.

Vielen Dank an Rob und Fred von Foodqube (www.foodqube.com.au) für ihre enorme Hilfe mit unserem unvollendeten aquaponics system. Wer unglaublich pfiffige Leute und ihr Pflanzsystem kennen lernen möchte, sollte sie besuchen (notfalls online).

Dank an Jesse Arneson, der immer einem Finger am Puls der kulinarischen Trends hat.

An die Familie Kennon, die uns den perfekten Ort zum Schreiben zur Verfügung gestellt hat.

An Tasmanien, das uns ständig mit Ideen und Fisch versorgt hat.

An den Heslop-Clan. Elsie hat uns ihre Jungs geliehen und nicht geschimpft, als sie mit ein paar neuen Pflastern zurückkamen. Charlie und Sam haben bei den Shootings toll mitgemacht und sich auf alles, was zu erledigen war, begeistert eingelassen.

Dank an Emi und Marlowe, die einfach wunderbar sind. Emi, du bist groß, und das weiß deine kleine Schwester.

INDEX

L

M

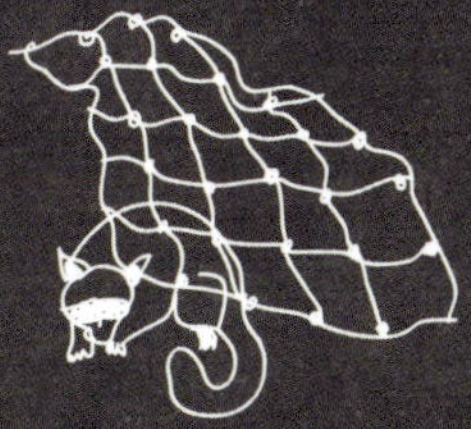

N

O

P

R

S

T

U

V

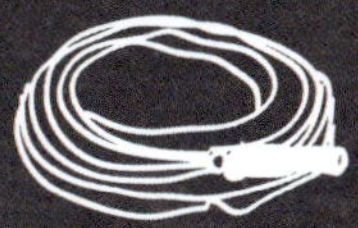

W

X

Z

DIE SYMBOLE

ZEIT: Zeit ist relativ, vor allem, wenn man in einem tollen Projekt steckt.

»Lasst mich mal einen Moment!«
Weniger als 1 Stunde

»Mir ist nicht so gut. Geht draußen spielen.«
2–3 Stunden

»Ich habe dich und die Kids übers Wochenende bei meinen Eltern angemeldet.«
1–2 Tage oder mehr

KOSTEN: Wir sind nicht nur Projektleiter, sondern auch Finanzberater. Zeit, dass ihr erwachsen werdet, Jungs. Hier kommen Zahlen.

»Darunter fange ich nicht an.«
unter € 20

»Das ist es wert.« € 20–€ 100

»Der Preis sollte einem tollen Projekt nicht im Weg stehen.« über € 100

KNOW HOW: Jeder hat irgendein Talent. Für die Projekte in diesem Buch spielt es aber eine Rolle, ob du ein gerades Loch bohren kannst oder die Quadratur des Kreises beherrschst.

»Kinderleicht.«

»Braucht etwas Übung.«

»Quadratur des Kreises, viele Finessen. Lass niemanden bei der Arbeit zusehen. Zeige ihnen nur das Resultat.«

Erstveröffentlichung in Australien unter dem Titel „DIY Garden Projects“ bei HARDIE GRANT BOOKS, einem Imprint von Hardie Grant Publishing
Building 1
658 Church Street
Richmond, Viktoria 3121
Australien

Copyright Text © The Little Veggie Patch Co, 2015
Copyright Fotografie © John Laurie, 2015
Copyright Layout © Hardie Grant Publishing, 2015

Für die deutsche Ausgabe:
© 2017 Christophorus Verlag GmbH & Co. KG, Rheinfelden
ISBN 978-3-8388-3649-2
Art.-Nr. 3649

Übersetzung: Wiebke Krabbe, Carola Gotta
Redaktion: Xenia Kuczera
Satz und Covergestaltung: GrafikwerkFreiburg

Sämtliche Modelle, Illustrationen und Fotos sind urheberrechtlich geschützt. Jede gewerbliche Nutzung ist untersagt. Dies gilt auch für eine Vervielfältigung bzw. Verbreitung über elektronische Medien. Der Verlag hat die größtmögliche Sorgfalt walten lassen, um sicherzustellen, dass alle Angaben und Anleitungen korrekt sind, kann jedoch im Falle unrichtiger Angaben keinerlei Haftung für eventuelle Folgen, direkte oder indirekte, übernehmen.

Colour reproduction by Splitting Image Colour Studio
Printed in China by 1010 Printing International Limited